Leopold Mozart

Leopold Mozarts gründliche Violinschule

Europäischer
Musikverlag

Leopold Mozart

Leopold Mozarts gründliche Violinschule

ISBN/EAN: 9783956980770

Auflage: 1

Erscheinungsjahr: 2014

Erscheinungsort: Norderstedt, Deutschland

Hergestellt in Europa, USA, Kanada, Australien, Japan
Europäischer Musikverlag in Hansebooks GmbH, Norderstedt

Sinfonia

Leop. Mozart

CONVENIT IGITUR---IN GESTU NEC
VENUSTATEM CONSPICUAM, NEC TURP-
DINEM ESSE, NE AUT HISTRIONES,
AUT OPERARII VIDEAMUR ESSE.
Off. Rhet. ad
Lib. 3. XV.

G. Eichler delin.   Iac. Andr. Fridrich Sc. A.V.

Leopold Mozarts

Hochfürstl. Salzburgischen Vice-Capellmeisters

gründliche

Violinschule,

mit

vier Kupfertafeln

und

einer Tabelle.

Zweyte vermehrte Auflage.

Auf Kosten des Verfassers.

Augsburg,
gedruckt bey Johann Jacob Lotter. 1770.

Ὅτι μὲν ὖν ἡμῖν τῆς, τε νέῳς παιδευτέον μῳσικῇ, καὶ αὐτῆς διὰ βίῳ προσεκτέον ὅπη παρείκοι, ὐδένα αὐτειπεῖν ὀῖομαι.

Esse igitur adolescentes nobis Musica erudiendos, Ipsiusque tota Vita, *quantum fieri possit,* rationem habendam, neminem oblocuturum puto.

Aristides Quintilianus Libro II. de Musica.

Dem Hochwürdigsten
des Heil. Röm. Reichs

Fürsten

Siegmund Christoph

aus dem Hoch Reichsgräflichen Hause

von

Schrattenbach;

Erzbischoffen zu Salzburg;

des Heil. Röm. Stuhls
gebohrnen Legaten,

und

Primaten des Deutschlandes.

Meinem gnädigsten Landesfürsten und Herrn.

Hochwürdigster des Heil. Röm. Reichs

Fürst!

Gnädigster Landesfürst und Herr!

Euer Hochfürstl. Gnaden darf ich nun auch die zweyte Auflage meiner Violinschule unterthänigst widmen, welche, da sie zur Unterweisung

)(3   der

der Jugend geschrieben ist, durch die grosse Gnade und vätterliche Sorge, mit welcher Euer Hochfürstl. Gnaden für die Erziehung der Jugend wachen, erst ein erhebliches Werk wird.

Ich würde der Bescheidenheit Euer Hochfürstl. Gnaden zu nahe tretten, wenn ich diese Zuschrift in eine Lobrede verwandeln wollte; und der Raum würde zu enge seyn, wenn ich das Glück, so Salzburg unter Euer Hochfürstl. Gnaden gesegneten Regierung genüsset, beschreiben sollte. Ich überlasse es Kirchen und Altären, Weisenhäusern, Spittälern und andern nützlichen

chen Gebäuden, Stadtthorn, Statuen und Monumenten ꝛc. den Ruhm eines so grossen Fürsten bey unsern Nachkömmlingen zu verbreiten.

Der gütige GOtt erhalte Euer Hochfürstl. Gnaden in die spätesten Jahre, und lasse Sie zu sonderbaren Trost aller getreuen Unterthanen das fünfzigjährige Priesterthum gesund, vergnügt, und weit, ja sehr weit überleben.

Dieses sind die brünstigsten Wünsche, die ich vor den Thron des Allerhöchsten bringe: mich aber und die meinigen zu

Dero

Zuschrift.

Dero höchsten Gnaden empfehle und mit tiefester Unterwerfung mich nenne

Euer Hochfürstl. Gnaden

Meines gnädigsten Fürsten und Herrn

unterthänigsten und gehorsamsten

Leopold Mozart.

Vorbericht
der zweyten Auflage.

Jede neue Auflage eines Buches pflegt man auch mit einer
neuen Vorrede zu versehen. Von dieser zweyten Auflage meiner Violinschule habe zwar nicht vieles zu erinnern;
sie ist der Haupteinrichtung nach der ersten vollkommen ähnlich: nur da und dort habe Kleinigkeiten weggelassen, dafür
aber einige sehr nützliche Regeln eingerücket, und vieles mit
deutlichen Beyspielen und Erklärungen vermehret. Dieses
alles würde man wohl auch ohne Vorbericht gefunden haben.
Allein, da die erste Auflage dieses Buches seit fünf Jahren sehr
rar geworden, und schon fast vor drey Jahren völlig verkauft war;
wird man nicht wegen der späten Herausgabe der zweyten Auflage etwa meine Entschuldigung erwarten? wird man nicht die
Ursache dieser Verzögerung zu wissen verlangen? — — Ich
war nämlich seit 1762. sehr wenig zu Hause. Das ausseror-
dentliche musikalische Talent, mit welchem der gütige Gott meine zwey Kinder in voller Maase gesegnet, war die Ursache meiner
Reise durch einen grossen Theil Deutschlandes, und meines
sehr langen Aufenthalts in Frankreich, Holland und Engelland 2c. 2c. Ich könnte hier die Gelegenheit ergreifen das Publicum mit einer Geschichte zu unterhalten, die vielleicht nur
alle Jahrhundert erscheinet, und die im Reiche der Musik in
solchem Grade des Wunderbaren vielleicht gar noch niemal
erschie-

Vorbericht der zweyten Auflage.

erschienen ist; ich könnte das wunderbare Genie meines Soh‐
nes beschreiben; dessen unbegreiflich schnellen Fortgang in dem
ganzen Umfang der musikalischen Wissenschaft von dem fünften
bis in das dreyzehende Jahre seines Alters umständlich erzeh‐
len; und ich könnte mich bey einer so unglaubigen Sache auf
das unwidersprechliche Zeugniß vieler der größten Europäischen
Höfe, auf das Zeugniß der größten Musikmeister, ja so gar auf
das Zeugniß des Neides selbst beruffen. Da ich aber nur einen
kleinen Vorbericht, und nicht eine umständliche Geschichte hier
zu schreiben habe; so hoffe nach meiner Zurückkunft aus Ita‐
lien, wohin ich nun unter dem Schutz Gottes zu reisen geden‐
ke, das Publicum nicht nur mit dieser Geschichte zu unterhal‐
ten, sondern auch dasjenige in Erfüllung zu bringen, wovon ich
schon in der ersten Auflage am Ende der Violinschule §. 22.
etwas gemeldet habe.

Uebrigens kann ich an der geneigten Aufnahm dieser zwey‐
ten Auflage nicht zweifeln, da so wohl das Publicum, als
ins besondere viele gelehrte Herren Musikverständige theils in
ihren herausgegebenen Schriften, theils in den an mich erlas‐
senen Briefen meine erste Herausgabe mit ihrem Beyfall so gü‐
tig beehret haben, wofür ich hiemit öffentlich danke, und mich
der Gewogenheit meiner Leser ferner empfehle.

Salzburg, geschrieben den 24. des
Herbstmonats 1769.

Mozart.

Vorre‐

Vorrede
der erſten Auflage.

Viele Jahre ſind es, als ich für jene, welche ſich von
mir in der Violin unterweiſen ließen, gegenwärtige
Regeln niedergeſchrieben hatte.   Es wunderte mich
oft recht ſehr, daß zu der Erlernung eines ſo gewöhnlichen,
und bey den meiſten Muſiken faſt unentberlichen Inſtruments,
als die Violin iſt, keine Anweiſung zum Vorſcheine kommen
wollte : da man doch guter Anfangsgründe, und abſonderlich einiger Regeln über die beſondere Strichart nach dem
guten Geſchmacke ſchon längſt wäre benöthiget geweſen.   Mir
that es oft ſehr leid, wenn ich fand, daß die Lehrlinge ſo
ſchlecht unterwieſen waren : daß man nicht nur alles vom
erſten Anfange nachholen; ſondern viele Mühe anwenden

mußte

Vorrede der erſten Auflage.

mußte die ihnen beygebrachten, oder wenigſtens nachgeſehe=
nen Fehler wieder abzuziehen. Ich fühlte ein groſſes Bey=
leid, wenn ich ſchon gewachſene Violiniſten, die ſich manch=
mal nicht wenig auf ihre Wiſſenſchaft einbildeten, ganz leich=
te Paſſagen, die etwa nur dem Striche nach von der gemei=
nen Spielart abgiengen, ganz wider die Meinung des Com=
poniſten vortragen hörte. Ja, ich erſtaunte, wenn ich gar
ſehen mußte, daß ſie auch bey mündlicher Erklärung des
ſchon angezeigten Vortrages, und bey wirklicher Vorſpielung
deſſelben, dennoch das Wahre und Reine kaum, oder oft gar
nicht erreichen konnten.

Es kam mir demnach in den Sinn, dieſe Violinſchule
dem Druck zu übergeben. Ich beſprach mich auch wirklich
mit dem Buchdrucker. Allein, ſo groß auch mein Eifer, der
muſikaliſchen Welt, ſo viel an mir iſt, zu dienen, immer war;
ſo zauderte ich dennoch mehr denn ein ganzes Jahr: weil ich
zu blöde war bey ſo aufgeklärten Zeiten mit meiner geringen
Bemühung an das Tageslicht zu tretten.

Endlich erhielt ich von ohngefähr Herrn Marpurgs
Hiſtoriſch = kritiſche Beyträge zur Aufnahme der Muſik.
Ich las ſeine Vorrede. Er ſagt gleich anfangs: Daß man
sich

Vorrede der ersten Auflage.

sich über die Anzahl musikalischer Schriften nicht zu beklagen habe. Er beweiset es auch, und beklagt unter andern, daß noch eine Anweisung zur Violin fehle. Dieß machte nun meinen schon vormals gefaßten Entschluß auf einmal wieder rege und war der stärkste Antrieb diese Blätter sogleich in meine Vaterstadt an den Buchdrucker zu schicken.

Ob sie nun aber so abgefasset sind, wie es Herr Marpurg und andere gelehrte Musikverständige wünschen; dieß ist eine Frage, die nicht ich, sondern die Zeit beantworten kann. Und was könnte ich denn wohl auch davon sagen, ohne mich zu tadeln oder zu loben? das Erste will ich nicht: denn es läuft wieder die Eigenliebe. Und wer würde mir doch glauben, daß es mein Ernste wäre? Das Zweyte läuft wider die Wohlanständigkeit; ja es läuft wider die Vernunft und ist sehr lächerlich: da jedermann weis, was für einen übeln Geruch das eigene Lob nach sich läßt. Wegen der Herausgabe dieses Buches werde ich mich wohl nicht entschuldigen dörfen: weil dieß, meines Wissens, die erste Anweisung zur Violin ist, welche öffentlich erscheinet. Wenn ich mich bey der gelehrten Welt entschuldigen sollte: so müßte es nur wegen der Art der Abhandelung und des Vortrages seyn.

)( )(3   Es

Vorrede der ersten Auflage.

Es ist noch vieles abzuhandeln übrig. Dieß ist der Vorwurf, den man mir vielleicht machen wird. Doch, was sind es für Sachen? Solche, die nur dazu gehören der schlechten Beurtheilungskraft manches Concertisten ein Licht anzuzünden, und durch Regeln des guten Geschmackes einen vernünftigen Solospieler zu bilden. Den Grund zur guten Spielart überhaupt habe ich hier geleget; das wird mir niemand absprechen. Dieß allein war auch itzt meine Absicht. Hätte ich alles das übrige noch vortragen wollen; so würde das Buch noch einmal so groß angewachsen seyn: welches ich doch hauptsächlich zu vermeiden gedachte. Mit einem Buche, welches den Käufer ein bischen mehr kostet, ist sehr wenigen gedienet: und wer hat es nöthiger eine solche Anweisung sich beyzuschaffen, als der Dürftige, welcher nicht im Stande ist auf eine lange Zeit sich einen Lehrmeister zu halten? Stecken nicht oft die besten und fähigsten Leute in der größten Armuth; die, wenn sie ein taugliches Lehrbuch bey Handen hätten, in gar kurzer Zeit es sehr weit bringen könnten?

Ich hätte freylich die in diesem Buche vorkommenden Materien noch viel weitläuftiger abhandeln, und nach dem

Bey=

Vorrede der erſten Auflage.

Beyſpiele einiger Schriftſteller, alles von andern Wiſſenſchaften da und dort einſchlagendes einmiſchen, ſonderbar aber
bey den Intervallen ein weit mehreres ſagen können. Doch,
da es meiſtens Sachen ſind, die, theils zur Setzkunſt gehören; theils oft mehr des Verfaſſers Gelehrſamkeit an den Tag
zu legen, als dem Schüler zu nützen da ſtehen: ſo habe ich
alles weggelaſſen, was mir das Buch hätte vergröſſern können. Und eben der beliebten Kürze halben iſt es geſchehen,
daß die im Vierten Hauptſtücke mit zwoen Violinen an-
gefangene Beyſpiele nimmer ſo fortgeſetzet, und überhaupts
alle die übrigen Exempeln etwas kürzer ſind angebracht worden.

Endlich muß ich frey geſtehen, daß ich dieſe Violinſchule
nicht nur zum Nutzen der Schüler, und zum Behufe der
Lehrmeiſter geſchrieben habe: ſondern daß ich ſehr wünſche alle
diejenigen zu bekehren, die durch ihre ſchlechte Unterweiſung
ihre Lehrlinge unglücklich machen; weil ſie ſelbſt ſolche Fehler
an ſich haben, die ſie, wenn ſie nur ihrer Eigenliebe auf
eine kurze Zeit entſagen wollten, gar bald erkennen würden.

Decipit Exemplar Vitiis imitabile:

Horat. Lib. I. Epiſt. XLX.

Vielleicht

Vorrede der erſten Auflage.

Vielleicht werden ſie dieſelben in dieſem Buche ganz lebhaft abgemahlet finden; und vielleicht wird mancher, wenn
er es gleich nicht geſtehet, durch das überzeugende Gewiſſen
zur Beſſerung gerühret werden. Nur das will ich öffentlich
verbetten haben, daß man nicht glaube, als hätte ich bey ein
und andern Fehlern, die ich in dieſem Buche verächtlich vorſtelle, auf gewiſſe Perſonen gezielet. Ich bediene mich hier
der Worte, mit welchen ſich Herr Rabener am Ende des
Vorberichtes ſeiner ſatyriſchen Schriften vor ſolcher Nachrede
verwahret, und erkläre mich: daß ich niemand meyne, als
diejenigen, welche wiſſen, wen ich gemeynet habe.

> Omni Muſarum licuit Cultoribus ævo
> Parcere Perſonis, dicere de Vitiis,
> Quæ ſi iraſcere agnita videntur.
>
> *Sen.*

Salzburg, geſchrieben den 26. des Heumonats
1756.

Mozart.

Einleitung

Einleitung
in die Violinschule.

Der Einleitung erster Abschnitt.

Von den Geiginstrumenten, insonderheit von der Violin.

§. 1.

Das Wort Geige, begreift in sich Instrumente verschiedener Art und Grösse, welche mit Darmseyten bezogen sind, deren iede einer richtigen Austheilung nach grösser als die andere seyn muß, und die mit einem aus Holz gemachten und mit Pferdhaaren bespannten Bogen gestrichen werden. Aus diesem erhellet, daß das Wort Geige ein allgemeines Wort ist, welches alle Arten der Geiginstrumente in sich einschliesset; und daß es folglich nur von einem Mißbrauche herrühret, wenn man die Violin platterdings die Geige nennet. Ich will die gewöhnlichsten Gattungen hersetzen.

§. 2.

Eine schon fast veraltete Art der Geigen sind die kleinen Sack= oder Spitz=
geiglein, welche mit 4. oder auch nur mit 3. Seyten bezogen sind. Sie wur=
den, wegen der Bequemlichkeit sie in den Schubsack zu stecken, gemeiniglich von
den Herren Tanzmeistern bey Unterweisung ihrer Lehrlinge gebraucht.

Eine zwote, aber auch wenig mehr übliche Art sind die einfachen, oder
Brettgeigen; welche also benennet werden, weil die 4. darauf gespannten Sey=
ten, nur über einem gewölbten Brett gezogen sind, so eigentlich dem obern
Theile einer gemeinen Violin oder Diskantgeige gleichet.

Die dritte Art sind die Quart= oder Halbgeiglein. Sie sind kleiner als
die gemeinen Violinen, und werden für gar kleine Knaben gebraucht. Doch
ist es allezeit besser, wenn es die Finger eines Knaben zulassen, ihn an eine rechte
Violin zu gewöhnen; dadurch er die Finger in einer beständigen Gleichheit erhält,
sie abhärtet, und solche recht auszustrecken erlernet. Vor einigen Jahren hat
man noch so gar Concerte auf diese von den Italiänern sogenannte Kleine Violin
(Violino piccolo) gesetzt: und da es sich weit höher als eine andere Violin
stimmen läßt; so wurde es sonderbar bey musikalischen Nachtstücken mit einer
Zwerchflaute, Harfe, oder mit einem andern solchen Instrumente vergesellschaf=
tet, öfters gehöret. Itzt ist man der kleinen Geiglein nimmer benöthiget. Man
spielet alles auf der gewöhnlichen Violin in der Höhe.

Die vierte Gattung sind die gemeinen Violinen oder Diskantgeigen. Von
welchen wir eigentlich in diesem Buche zu reden haben.

Eine fünfte Art sind die Altgeigen: welche von dem italiänischen Viola
di Braccio, auch Violen heissen; am gemeinsten aber (von Braccio) die Brat=
schen genennet werden. Man spielet damit sowohl den Alt als den Tenor, auch
zur Noth, zu einer hohen Oberstimme den Baß, (a) dazu man doch sonst

Eine sechste Gattung, nämlich die Fagottgeige braucht; welche der Grösse
und Besetzung nach von der Bratsche in etwas unterschieden ist. Einige nen=
nen es auch das Handbaßel; doch es ist das Handbaßel noch etwas grösser als
die Fagotgeige. Man pflegt also, wie schon gesagt worden, den Baß damit zu
spielen: allein nur zu Violinen, Zwerchflauten, und andern hohen Oberstim=
men; sonst würde der Grund die Oberstimme überschreiten, und, wegen den wi=
der

(a) Ich hatte oft die Gelegenheit über Violoncellisten zu lachen, die den Baß zu ihrem
    Solo so gar mit einer Violin accompagnieren liessen, wenn gleich ein Violoncell
    noch zugegen war.

der die Regel laufenden Auflösungen, gar oft eine widrige Harmonie hervorbringen. Diese Ueberschreitung der Oberstimme mit der Unterstimme ist in der musikalischen Setzkunst bey Halbcomponisten ein ganz gemeiner Fehler.

Die siebente Art heißt das Baßel oder Bassete, welches man, nach dem italiänischen Violoncello, das Violoncell nennet. Vor Zeiten hatte es 5. Seyten; itzt geigt man es nur mit vieren. Es ist das gemeinste Instrument den Baß damit zu spielen: und obwohl es einige etwas grössere, andere etwas kleinere giebt; so sind sie doch nur der Besetzung nach, folglich nur in der Stärke des Klanges, ein wenig von einander unterschieden.

Der große Baß, (il contra Basso) der auch gemeiniglich der Violon genennet wird, ist die achte Gattung der Geiginstrumente. Dieser Violon wird ebenfalls von verschiedener Grösse verfertiget: allein es bleibt allezeit die nämliche Stimmung; nur daß man bey der Besetzung den nöthigen Unterschied beobachtet. Weil der Violon viel grösser als das Violoncell ist; so ist auch dessen Stimmung um eine ganze Octav tiefer. Er wird am gewöhnlichsten mit 4, und auch nur mit 3, der grössere aber mit 5. Seyten bezogen. Bey diesem mit 5. Seyten bespannten Violon sind an dem Hals durch alle Intervallen Bände von etwas dicken Seyten angebracht; welches das Aufliegen der Seyten auf dem Griffbrette hindert, und folglich der Klang dadurch gebessert wird. Man kann auch auf einem solchen Basse die schweren Passagen leichter herausbringen: und ich habe Concerte, Trio, Solo rc. ungemein schön vortragen gehört. Doch habe ich bemerket, daß beym Ausdruck einer Stärke beym Accompagnieren allezeit sich zwo Seyten zugleich hören liessen; weil die Seyten merklich dünner sind und näher beysammen stehen, als bey einem Basse, der nur mit 3. oder 4. Seyten bezogen ist.

Die neunte Art ist die Gamba. Sie wird zwischen die Beine gehalten; daher es auch den Name hat: denn die Italiäner nennen es Viola di Gamba, das ist: Beingeige. Heut zu Tage wird auch das Violoncell zwischen die Beine genommen, und man kann es mit allem Rechte auch eine Beingeige nennen. Im übrigen ist die Viola di Gamba von dem Violoncell in vielem unterschieden. Es hat 6, auch 7. Seyten; da das Baßel nur 4. hat. Es hat auch eine ganz andere Stimmung, einen angenehmern Ton, und dienet meistentheils zu einer Oberstimme.

Die

Die zehnte Gattung ist der Bordon, nach dem gemeinen Sprechen der Barydon, von dem italiänischen Viola di Bordone, (b). Dieses Instrument hat, gleich der Gamba, 6. bis 7. Seyten. Der Hals ist sehr breit und dessen hinterer Theil hohl und offen, wo 9. oder auch 10. messingene und stählerne Seyten hinunter gehen, die mit dem Daumen berühret, und geknippet werden; also zwar, daß zu gleicher Zeit, als man mit dem Geigebogen auf den oben ge= spannten Darmseyten die Hauptstimme abgeiget, der Daume durch das An= schlagen der unter dem Hals hinabgezogenen Seyten den Baß dazu spiele. Und eben deswegen müssen die Stücke besonders dazu gesetzet seyn. Es ist übrigens eines der anmuthigsten Instrumente.

Eine eilfte Art mag die Viola d'Amor seyn; nach dem italiänischen Viola d'Amore, und nach dem französischen Viole d'Amour. Es ist eine be= sondere Art der Geigen, die, sonderheitlich bey der Abendstille, recht lieblich klinget. Oben ist sie mit 6. Darmseyten, davon die tiefern übersponnen sind, und unter dem Griffe mit 6. stählernen Seyten bezogen; welche letztere weder gegriffen, noch gegeiget werden, sondern nur den Klang der obern Seyten zu ver= doppeln und fortzupflanzen, sind erdacht worden. Dieses Instrument leidet viele Verstimmung.

Die zwölfte Gattung ist das englische Violet, so hauptsächlich von der Viola d'Amore nur dadurch unterschieden ist, daß es oben 7. und unten 14. Seyten, und folglich auch eine andere Stimmung hat, auch wegen Viele der untern Klangseyten einen stärkern Laut von sich giebt.

Eine alte Art der Geiginstrumente ist die aus dem Trumscheid entstandene Trompete marine. Es hat nur eine grosse Darmseyte; hat einen dreyeckich= ten Körper; einen langen Hals, u. s. w. Die Seyte liegt auf einem Stege, welcher auf einer Seite den Sangboden kaum berühret, und folglich verursachet, daß die Seyte, wenn sie gegeiget wird, einen schnarrenden Ton, gleich einer Trompete, von sich giebt.

Diese nun sind alle mir bekannte, und meistentheils noch übliche Gattun= gen der Geigen; davon die vierte, nämlich die Violin, der Stoff dieser zum Versuch unternommenen Lehrschrift seyn wird.

§. 3.

(b) Einige sprechen und schreiben Viola di Bardone. Allein Bardone ist meines Wissens kein italiänisch Wort; wohl aber Bordone: denn dieses heißt eine Tenorstimme; bedeutet auch eine grobe Seyte, eine Hummel, und das leise Brummen der Bienen. Wer dieses Instrument kennet, wird auch einsehen, daß durch das Wort Bordone, der Ton desselben recht sehr gut erkläret sey.

§. 3.

Die Violin ist ein aus Holz verfertigtes Instrument, und aus folgenden Theilen zusammen gesetzet. Der obere Theil bestehet in einem gewölbten Dach; der untere Theil in einem eben dergleichen Boden; die Seitenwände, welche das Dach und den Boden zusammen fügen, werden von den Geigenmachern der Zarge (c) genennet; das Ganze aber heißt bey ihnen das Corpus, oder der Körper. An diesem Körper, Corpus, oder Leib, ist der Hals, und auf dem Hals der Griff; welcher also benennet wird, weil die darüber gespannten Seyten dort gegriffen werden. Unten ist ein Bretchen vest gemacht, an welches die Seyten angebunden sind, die auf einem hölzernen Stege ruhen, und ober dem Hals in Schrauben eingezogen werden; durch derer Hülfe die Violin gestimmet wird. Damit aber der Gewalt der über den Sattel ausgespannten Seyten das Dach nicht niederdrücke, und dadurch der Violin den Klang benehme, so wird in den Körper derselben unter den Steg oder Sattel ein klein Hölzchen gestecket; welches man den Stimmstock nennet.

Am äussersten Ende bemühen sich die Geigenmacher theils eine zierliche schneckenförmige Krümmung; theils einen wohlgearbeiteten Löwenkopf anzubringen. Ja sie halten sich über dergleichen Auszierungen oft mehr auf, als über dem Hauptwerke selbst: Daraus denn folget, daß auch die Violin, wer sollte es meynen! dem allgemeinen Betrug des äußerlichen Scheines unterworfen ist. Wer den Vogel nach den Federn, und das Pferd nach der Decke schätzet, der wird auch unfehlbar die Violin nach dem Glanze und der Farbe des Firnüsses beurtheilen, ohne das Verhältniß der Haupttheile genau zu untersuchen. Also machen es nämlich alle diejenigen, welche ihre Augen, und nicht das Gehirn zum Richter wählen. Der schön gekraußte Löwenkopf kann eben so wenig den Klang der Geige, als eine aufgethürmte Quarreperücke die Vernunft seines lebendigen Perückenstockes bessern. Und dennoch wird manche Violin nur des guten Ansehens wegen geschätzet; und wie oft sind nicht das Kleid, das Geld, der Staat, sonderbar aber die geknüpfte Perücke jene Verdienste, die manchen = = zum Gelehrten, zum Rath, zum Doctor machen. Doch! wo bin ich hingerathen? Der Eifer gegen das so gewöhnliche Urtheil nach dem äusserlichen Scheine hat mich fast aus dem Geleise getrieben.

A 3 §. 4.

(c) Der Zarge oder die Zarge: aber nicht Sarge; denn dieses kommt, von σάρξ, σαρκός und heißt die Einfassung eines todten Körpers.

§. 4.

Mit vier Seyten wird die Violin bezogen, derer iede, ſeiner richtigen Abtheilung nach, gröſſer als die andere ſeyn muß. Ich ſage, nach ſeiner richtigen
Abtheilung: Denn, wenn eine Seyte gegen die andere etwas zu ſchwach oder zu
ſtark iſt, ſo kann unmöglich ein gleicher und guter Ton heraus gebracht werden.
Sowohl die Herren Violiniſten, als auch die Geigenmacher beſtimmen dieſe
Austheilung nach dem Augenmaaß; und es iſt nicht zu leugnen, daß es oft ſehr
ſchlecht damit zugehet. Man muß in der That mit allem Fleiß an das Werk
gehen, wenn man die Violin recht rein beziehen will; und zwar ſo: daß die
Seyten nach der wahren Beſchaffenheit der Intervallen, nach welchen ſie von
einander abſtehen, ihre richtige Verhältniſſe, und folglich ihre richtige Töne gegen einander haben. Wer ſich Mühe geben will, der kann eine Probe nach ma-
thematiſcher Lehrart machen, und zwo feine gut ausgezogene Darmſeyten ausſu-
chen; es ſey ein (A) und (E) ein (D) und (A) oder ein (D) und (G):
deren iedoch iede für ſich, ſo viel möglich, eine gute Gleichheit hat. Das iſt:
der Diameter oder Durchſchnitt der Seyten muß gleich groß ſeyn. An iede dieſer zwoen Seyten können Gewichte von gleicher Schwere gehänget werden. Sind
nun die zwo Seyten recht ausgeſucht; ſo müſſen ſie, bey dem Anſchlagen derſelben, das Intervall einer Quint hervorbringen. Klingt eine gegen die andere
zu hoch, und überſchreitet die Quint; ſo iſt es ein Zeichen, daß ſelbige zu ſchwach
iſt, und man nimmt eine ſtärkere. Oder, man verändert die zu tief klingende,
und leſet ſich dafür eine feinere aus: denn ſie iſt zu ſtark. Auf dieſe Art wird
ſo lange fortgefahren, bis man das Intervall einer reinen Quint gefunden; alsdann haben die Seyten ihr richtiges Verhältniß und ſind wohl ausgeſucht. Allein, wie ſchwer iſt es nicht, ſolche gleichdicke Seyten anzutreffen? Sind ſie nicht
mehrentheils an einem Ende ſtärker, als an dem andern? Wie kann man mit
einer ungleichen Seyte eine ſichere Probe machen? Ich will alſo nochmalen erinneret haben, daß man bey Ausleſung der Seyten den möglichſten Fleiß anwenden, und nicht alles ſo hin auf Gerathewohl machen ſolle.

§. 5.

Das bedaurlichſte iſt, daß unſere heutigen Inſtrumentmacher ſich bey Verfertigung ihrer Arbeit ſo gar wenig Mühe geben. (d) Ja was noch mehr?
Daß

(d) Die Inſtrumentmacher arbeiten heut zu Tage freilich meiſtentheils nur nach Brod.
Und eines theils ſind ſie auch nicht zu verdenken: man verlangt gute Arbeit, und
will wenig dafür bezahlen.

Daß ein ieder nach ſeinem Kopfe und Gutgedünken ſo hin arbeitet, ohne einen gewiſſen Grund in einem oder dem andern Stücke zu haben. Zum Beyſpiel: Der Geigenmacher hat etwa durch die Erfahrung zu ſeiner Regel angenommen, daß bey einem niedern Zarge das Dach höher gewölbt ſeyn müſſe; daß hingegen, wenn der Zarge hoch iſt, das Dach etwas weniger gewölbt und erhöhet ſeyn könne: und dieß wegen der Fortpflanzung des Klanges; damit nämlich der Klang durch das Niedere des Zarges oder des Daches nicht zu ſehr unterdrücket werde. Er weis ferner, daß der Boden im Holze ſtärker als das Dach ſeyn müſſe; daß ſowohl das Dach als der Boden in der Mitte mehr Holz als auf den Seiten haben ſollen; daß übrigens eine gewiſſe Gleichheit in der ſich verlierenden oder allmählich wieder anwachſenden Holzdicke zu beobachten ſey, und er weis ſolche durch den Greifcirkel zu unterſuchen, u. ſ. f. Woher kömmt es denn, daß die Violinen ſo ungleich ſind? Woher kömmt es, daß eine laut, die andere ſtill klinget? Woher hat dieſe einen, ſo zu ſagen, ſpitzigen; jene einen recht hölzernen; dieſe einen rauhen, ſchreienden; jene einen traurigen und betäubten Ton? Man darf nicht viel fragen. Alles dieſes rühret von der Verſchiedenheit der Arbeit her. Ein ieder beſtimmet die Höhe, die Dicke, u. ſ. w. nach ſeinem Augenmaaß, ohne ſich auf einen zureichenden Grund fuſſen zu können: folglich geräth es einem gut, dem andern ſchlecht. Dieß iſt ein Uebel, welches der Muſik wirklich vieles von ihrer Schönheit entziehet.

§. 6.

In dieſem Stücke könnten die Herrn Mathematiker ihren Ruhm verewigen. Der gelehrte Herr M. Lorenz Mizler, hat vor einigen Jahren ſchon den nie genug zu rühmenden Vorſchlag gethan, eine Geſellſchaft muſikaliſcher Wiſſenſchaften in Deutſchland anzulegen. Sie hat auch wirklich ſchon im Jahr 1738. ihren Anfang genommen. Es iſt nur zu bedauren, daß eine ſolche edle Beſtrebung nach der redlichen Verbeſſerung der muſikaliſchen Wiſſenſchaften nicht allezeit reichlich unterſtützet wird. Das ganze muſikaliſche Reich wüßte es einer ſolchen gelehrten Geſellſchaft nimmer genug zu verdanken, wenn ſie den Inſtrumentmachern ein nützbares Licht anzündete, dadurch der Muſik eine ungemeine Zierde zuwachſen könnte. Man wird es mir ja nicht verargen, wenn ich ganz aufrichtig ſage: daß an genauer Unterſuchung der Inſtrumente mehr lieget, als wenn man durch die Bemühung vieler Gelehrten endlich vom Grunde erörtert: warum zwo unmittelbar auf einander folgende Octaven oder Quinten nicht wohl in das Gehör fallen. Bey rechtſchaffenen Componiſten ſind ſie ohnehin ſchon

längſt

längst des Landes verwiesen: und es ist genug, daß sie, wegen ihrem allzuvollkommenen Verhältniß, dem aufmerksamen Ohr, da es eben eine Veränderung erwartet, durch sträfliche Wiederholung zur Last fallen. Ist es denn nicht mehr in Betrachtung zu ziehen, daß wir so wenig gute Instrumente sehen; daß selbige von so ungleicher Arbeit, und von so verschiedener Klangart sind: als wenn wir ganze Reihen papierener Intervallen ausmessen und hinschreiben; davon oft viele in der Ausübung wenig oder gar nichts nützen? Diese gelehrten Herren könnten also durch eine nützliche Untersuchung, z. E. was für Holz zu einem Geiginstrumente das tauglichste? Wie solches am besten auszutrocknen wäre? (e) Ob nicht bey der Ausarbeitung das Dach und der Boden nach den Jahren (f) einander entgegen stehen sollten? Wie die Schweislöcher des Holzes am besten zu verschliessen seyn, und ob nicht auch der innere Theil deßwegen mit Firnüß ganz fein zu bestreichen, und was für Firnüß der tanglichste wäre? Hauptsächlich aber, wie hoch, wie dick, u. s. f. das Dach, der Boden, und der Zarge seyn müsse? Mit einem Worte, durch ein richtiges System, wie eigentlich die Theile einer Geige sich gegen einander regelmäßig verhalten sollen, könnten, sage ich, diese gelehrten Herren durch Hülfe der Mathematik, und mit Beyziehung eines guten Geigenmachers die Musik ungemein verbessern.

§. 7.

Unterdessen bemühet sich ein fleißiger Violinist, sein Instrument durch Veränderung der Seyten, des Sattels und des Stimmstockes nach Möglichkeit zu verbessern. Hat die Violin einen grossen Körper, so werden unfehlbar grössere Seyten von guter Wirkung seyn: ist der Körper hingegen klein, so erfordert es eine kleinere Beseytung. (g) Der Stimmstock muß nicht zu hoch aber auch nicht zu nieder seyn, und rechter Hand etwas weniges hinter dem Fuß des Sattels stehen. Es ist kein geringer Vortheil den Stimmstock gut zu setzen. Man muß ihn mit vieler Geduld öfters hin und her rücken; iedesmal durch Abspielung verschiedener Töne auf ieder Seyte den Klang der Geige wohl untersuchen, und so lang auf diese Art fortfahren: bis man die Güte des Tones gefunden. Der Sattel

(e) Ich habe selbst eine Violin in Händen gehabt, deren Theile nach der Ausarbeitung, vor dem Zusammensetzen, mit recht gutem Erfolge im Rauchfang sind ausgetrocknet worden.

(f) Die Jahre nennet man die verschiedenen Züge, die sich im Holze zeigen.

(g) Bey hoher und tiefer Stimmung hat man das nämliche zu beobachten. Die dickern Seyten taugen ganz natürlich besser zur tiefen Stimmung, gleichwie die feinen bey der hohen Stimmung von besserer Wirkung sind.

Sattel kann auch viel beytragen. Z. E. Ist der Ton gar zu schreyend und durchdringend, oder, so zu reden, spitzig, folglich unangenehm: so wird er mit einem niedern, breiten, etwas dicken und sonderbar unten wenig ausgeschnittenen Sattel gedämpfet. Ist der Ton an sich selbst schwach, still, und unterdrückt: so muß mit einem feinen, nicht zu breiten, anbey so viel es sich thun läßt, hohen, und unten sowohl als in der Mitte viel ausgeschnittenen Sattel geholfen werden. Solcher muß aber überhaupts von einem recht feinen, wohl geschlossenen, und ausgetrockneten Holze seyn. Uebrigens hat der Sattel seinen Ort auf dem Dache der Violin in der Mitten der zweenen Ausschnitten, welche in der Gestalt eines lateinischen Buchstabens auf beyden Seiten angebracht sind. Damit aber der Klang nirgends unterdrücket werde: so muß das Bretchen, an welches die Seyten festgemacht sind, und welches man, nach dem gemeinen Waidspruche, das Sattelfest nennet, an das unten deßwegen eingesteckte Zäpfchen also eingehenket werden, daß er mit dem untern und schmahlen Ende weder über das Dach der Violin herein, noch hinaus reiche, sondern demselben völlig gleich stehe. Man muß endlich auch sein Instrument immer reinlich halten, und absonderlich die Seyten und das Dach, bevor man zu spielen anfängt, allezeit von dem Staub und Koliphon säubern (b).

Dieses wenige mag inzwischen einem fleißig Nachdenkenden schon genug seyn; bis gleichwohl sich iemand hervor thut, welcher, nach meinem Wunsche, diesen meinen kleinen Versuch erweiteret, und alles in ordentliche Regeln bringet.

(b) Colophonium wird aus gereinigtem Harz gemacht, und man schmiert mit demselben die über den Geigenbogen gezogene Pferdhaare; damit sie die Seyten schärfer angreifen. Man muß aber den Bogen nicht zu sehr schmieren; sonst wird der Ton rauh und dumpficht.

Der Einleitung zweyter Abschnitt.

Von dem Ursprunge der Musik, und der musikalischen Instrumenten.

§. 1.

Nachdem nun die Wesenheit der Violin erkläret worden, sollte man auch etwas von dem Ursprunge derselben beybringen; um dem Anfänger die Abkunft seines Instruments einigermassen bekannt zu machen. Allein, ie weiter man in das Alterthum hinein siehet; ie mehr verliert man sich, und geräth auf ungewisse Spuren. Es liegt fast alles auf ungewissem Grunde; und man findet in der That, mehr fabelhaftes als wahrscheinliches.

§. 2.

Der Musik überhaupts gehet es eben nicht viel besser. Man hat zu dieser Stunde noch keine vollständige musikalische Historie. Wie viele raufen sich nicht fast nur um den Namen, Musik? Einige glauben das Wort Musik komme von den Musen, welche als Göttinnen des Gesanges verehret worden. Andere nehmen es vom griechischen μῶδαι, welches fleißig nachforschen, und untersuchen heißt. Viele halten dafür, es habe seinen Ursprung von Moys (a), welches in egyptischer Sprache ein Wasser, und Icos, so eine Wissenschaft bedeutet (b): daß es also eine bey dem Wasser erfundene Wissenschaft anzeige; und zwar, weil einige wollen, das Geräusch des Nilflusses habe zur Erfindung der Musik Anlaß gegeben: denen aber jene widersprechen, die es dem Gesäuse und Gepfeife des Windes oder dem Gesange der Vögel zuschreiben. Endlich wird

---

(a) Margarita Philosophica, Lib. 5. Musicæ speculativæ, Tract. 1. Cap. 3. Impress. Basileæ 1508.

(b) Zacharias Tevo nel suo Musico Testore. P. 2. C. 7. pag. 10. Stamp. in Venezia 1706.

wird es auch mit gutem Fug von dem griechischen Μᾶσα hergeleitet, welches eigentlich ein aus dem hebräischen entsprungenes Wort ist. Denn es heißt so viel als מעשׂיה; nämlich: ein vortreffliches und vollkommenes Werk, welches zur Ehre Gottes ausgedacht und erfunden worden (c). Der Leser wähle sich, was ihm beliebt. Ich will nichts entscheiden.

§. 3.

Was können wir denn von der Erfindung und den Erfindern der Tonkunst gewisses sagen? Man ist auch in diesem Stücke so uneinig, daß es mehrentheils auf Muthmaffungen hinaus läuft. Jubal hat das Zeugniß der H. Schrift für sich: wo er der Vater derjenigen genennet wird, welche auf Citharn und Orgeln spielten (d). Und einige glauben, daß nicht Pythagoras, wie man doch sonst vor gewiß (e) behauptet, sondern selbst der Jubal durch die Hammerschläge seines Bruders des Tubal, welcher ein Schmidt solle gewesen seyn, die Verschiedenheit der Töne erfunden habe (f). Vor der Sündflut wird auffer dem Jubal keines Mufikverständigen in der H. Schrift gedacht. Ob nun also die Musik mit der allgemeinen Weltstrafe zu Grunde gegangen; oder ob nicht Noe (g), oder einer seiner Söhne, solche mit sich in die Arche genommen, davon haben wir keine Nachrichten. Nur das wissen wir, daß die Egyptier solche erstlich wieder empor gebracht; von welchen sie auf die Griechen, von diesen aber auf die Lateiner gekommen ist.

§. 4.

Wollen wir die alten und neuen Instrumente gegen einander halten? Da werden wir auf lauter ungewisse Wege gerathen, und immer im Finstern wandeln. Wer belehret uns denn, was die ehemaligen Harfen, Cithern, Orgeln, Leyern, Pfeifen, u. s. f. eigentlich für Instrumente gewesen? Wir wollen hören, was ein ganz neues und kostbares Buch (h) von einem Instrumente, dessen

B 2 　　　　　　Jubal

(c) Mich. Prætor. Syntagm. Muf. T. I. p. 38.
(d) Genefis IV, 21.
(e) Franchini Gafuri Theorica Muficæ, Lib. I. Cap. 8. Imprefs. Mediolani 1492.
(f) (Petrus Commeftor in Hiftoria Scholaftica.) Marg. Phil. L. I. Tract. 1. C. 4. Tevo P. I. C. 11.
(g) Man spricht auch Noah.
(h) Neue Sammlung der merkwürdigsten Reisegeschichten. 2. Buch. 60. Blat. §. 20.

Jubal der Erfinder seyn soll, uns weitläuftig erzählet: Das Instrument Ci,
nyra, heißt es, war auch bey den Phöniciern, und Syrern gebräuch,
lich. Die Hebräer nannten es Kinnor; die Chaldäer Kinnora, und
die Araber Kinnara. Dieses Instrument soll von dem Jubal erfun,
den und also schon lange vor der Sündflut bekannt gewesen seyn (i).
Es soll dasjenige seyn, worauf David vor dem König Saul ge,
spielet (k), und welches man gemeiniglich für eine Harfe hält. Es
war aus Holz gemacht (l) mit zehen Seyten überzogen, und wurde
auf der einen Seite mit einer Schlagfeder gerühret, auf der andern
aber mit den Fingern gegriffen, u. s. w. (m). Mit was für einem unserer
heutigen Instrumente könnte man wohl dieses Kinnor vergleichen? Es sind
ja alle weit davon unterschieden. Der Bericht selbst gründet sich auf Muth,
maßung, und die musikalischen Wörterbücher sind zum Theil anderer Meinung.
Die gelehrten Herren Verfasser dieses ansehnlichen Werkes haben sich alle Mühe
gegeben bey ihren Nachrichten, so viel immer möglich, auf den Grund zu sehen.
Allein, die Klingzeuge der Musik betreffend, bekennen sie die Ungewißheit in
folgenden Worten, (n): Bey Verehrung des vom Nebucadnezar auf,
gerichteten Bildes, erwähnet der Prophet Daniel der Posaunen,
Trommeten, Harfen, Psalter, Lauten, und allerley Seytenspiels,
u. s. w. (o). Wir wollen aber dem Leser nicht gut dafür seyn, ob
die hier angedeutete Instrumente eben auch so ausgesehen haben, wie
diejenige, die wir heut zu Tage so nennen (p). Man hat also wenig
oder gar keine sichere Nachricht mehr von der wahren Beschaffenheit der alten
Instrumenten.

§. 5.

Nicht viel gründlichers finden wir, wenn wir auf die Erfinder der musika,
lischen Klingzeuge zurücke sehen. Der so beruffenen Leyer der Alten streitet man
heute

(i) 1. Mos. 4, 21.
(k) 1. Sam. 16, 16. 23.
(l) 1. König. 10, 12.   2. Chron. 9, 11.
(m) Joseph. Antiq. Lib. 7. Cap 10.
(n) In dem ersten Buch, 68. Blatt. §. 67.
(o) Cap. 3. 5.
(p) Man lese, was Calmet in seinem Commentaire sur les Pseaumes von der Musik der
    Alten angemerket hat.

heute noch ihren Vater an. Diodor ſaget: Daß Merkur nach der Sünd=
flut den Lauf der Sterne, die Zuſammenſtimmung des Geſanges und der Zahlen
Verhältniß wieder erfunden habe. Er ſoll auch der Erfinder der Leyer mit 3.
oder 4. Seyten ſeyn. Dieſem ſtimmen bey Homer und Lucian: Lactantius
aber ſchreibet die Erfindung der Leyer dem Apollo zu; Plinius hingegen will
den Amphion zum Urheber der Muſik machen (q). Und wenn endlich Mer=
kur durch die mehrern Stimmen das Recht zu ſeiner Leyer behält (r), ſolche
auch nach ihm erſt in die Hände des Apollo und Orpheus gekommen iſt (s):
wie läßt ſich ſolche mit einem unſerer heutigen Inſtrumenten vergleichen? Iſt
uns denn die eigentliche Geſtalt dieſer Leyer bekannt? Und können wir etwa den
Merkur zu dem Urheber der Geiginſtrumenten angeben? Bevor ich hier weiter
gehe, will ich einen Verſuch wagen, und den Anfängern zu Lieb nur im Kleinen,
eine ganz kurze muſikaliſche Geſchichte entwerfen.

Verſuch
einer kurzen Geſchichte der Muſik.

Gott hat dem erſten Menſchen gleich nach der Erſchaffung alle Gelegenheit an
die Hand gegeben, die vortreffliche Wiſſenſchaft der Muſik zu erfinden. Adam
konnte den Unterſchied der Töne an der menſchlichen Stimme bemerken; er hör=
te den Geſang verſchiedener Vögel; er vernahm eine abwechſelnde Höhe und
Tiefe durch das Gepfeife des zwiſchen die Bäume dringenden Windes: und
der Werkzeug zum Singen war ihm ja von dem gütigen Erſchaffer ſchon zum
voraus in die Natur gepflanzet. Was ſoll uns denn abhalten zu glauben, daß
Adam von dem Trieb der Natur bewogen, eine Nachahmung z. E. des ſo an=
muthigen Vogelgeſanges u. ſ. f. unternommen, und folglich eine Verſchiedenheit
der Töne in etwas gefunden habe. Dem Jubal ſind ſeine Verdienſte nicht ab=
zuſprechen; denn die H. Schrift ſelbſt beehret ihn, mit dem Titel eines Muſik=

vaters:

(q) Giuſeppe Zarlino. Inſtit. & Dimoſt. di Muſica. P. I. C. I.
(r) Tevo, P. I. C. 12. pag. 11. (Roberti Stephani Theſaurus Linguæ Lat. ſub Voce Chelys.)
(s) Dittionario univerſ. di Eſraimo Chambers ſub Voce Lyra. Und Polidorus Vergilius de re=
rum Invent. pag. 51. & 52.

vaters: und es ist nicht unwahrscheinlich, daß die Musik entweder durch den Noe selbst oder durch einen seiner Söhne in die Arche, und nach der Sündflut durch Unterweisung auf die Egyptier gekommen; von denen sie nachgehends die Griechen erlernet, sich in Verbesserung derselben viele Mühe gegeben, und solche endlich auf die Lateiner und andere Völker gebracht haben. Ob aber Cham und sein Sohn Mesraim eben diejenigen waren, davon finden sich keine gründliche Anzeigen in der H. Schrift (t). Daß zu Labans und Jakobs Zeiten die Musik schon wieder getrieben, ja so gar zum Geleite der Abreisenden als ein Ehrenzeichen gebraucht worden, ist ganz gewiß; weil Laban zu Jakob sprach: Warum hast du ohne mein Wissen fliehen, und mirs nicht anzeigen wollen, daß ich dich mit Freuden, mit Gesang, mit Trummen, und Citharn begleitet hätte? (u) Das Lied der Maria, (x) und wie sie mit andern Weibern bey dem Durchzuge durch das rothe Meer auf der Trumme spielte, ist bekannt (y). Nicht weniger weis man aus der Schrift, daß Moses zwo Posaunen unter gewissen Regeln zu blasen verordnet hatte (z). Man weis das Blasen der Leviten, davon die Mauren der Stadt Jericho einstürzten (aa). Man weis die musikalischen Anstalten, die David gemacht hatte (bb). Und daß man zu seiner Zeit schon vielerley Instrumente gehabt habe, ließt man aus den Aufschriften seiner Psalmen. Assaph der Sohn des Barachias war sein Capellmeister, und Jehiel über die Instrumente gesetzet; man mag ihn also einen Concertmeister nennen (cc). Die Propheten bedienten sich der Musik, wenn sie weissagen wollten: Saul kann uns dessen ein Zeuge seyn (dd). Und in der H. Schrift lesen wir es von den Kindern des Assaph, des Heman und des Jdithun (ee). Daß nächst den Hebräern die Griechen die ältesten Musikverständigen gewesen, ist gar nicht zu zweifeln. Es sind uns

Merkur,

(t) Kircherus war dieser Meinung, und Tevo schreibt es in seinem Musico Testore, Cap. 12. pag. 11.

(u) Genesis 31, 27.

(x) Maria, die andere Mirjam nennen, war Moses und Aarons Schwester.

(y) Exod. 15. 20. & 21.

(z) Num. 10, 2.

(aa) Josue 6, 4. & seq.

(bb) I. Paralip. 15. 16. & seq. nicht weniger Cap. 23. 5. 30.

(cc) I. Paralip. 16. 5.

(dd) I. Regum 10. 5. & 10.

(ee) I. Paralip. 25. 1, 2, 3, 4, 5, 6, andere sprechen auch Jedituu.

Merkur, Apollo, Orpheus, Amphion, und mehr andere bekannt. Und wenn gleich einige sind, die behaupten wollen, daß z. E. niemals ein solcher Mann, welcher Orpheus geheissen, auf der Welt gewesen sey; ja daß das Wort Orpheus in der phönicischen Sprache so viel heisse, als ein weiser und gelehrter Mann: so gehen doch die allermeisten Zeugnisse der Alten dahin, daß dieser Orpheus gelebt habe (ff). Daß viel fabelhaftes mit unterläuft, ist ganz gewiß: doch liegen unter diesen Fabeln auch viele Wahrheiten (gg). Bis auf die Zeiten des Pythagors gieng keine Veränderung in der Musik vor: er aber war der erste, welcher der Töne Verhältniß mit dem Maaßstabe suchte. Dazu brachte ihn ein ungefährer Zufall. Denn als er einsmals in einer Schmiede mit Hämmern von verschiedener Grösse auf den Ambos schlagen hörte, bemerkte er die Verschiedenheit der Töne nach dem Unterschied der Schwere der Hämmer. Er versuchte es mit zwo gleichen Seyten, an eine derselben hieng er ein Gewicht von 6. Pfunden, an die andere ein Gewicht von 12. Pfunden, und fand bey dem Anschlagen dieser zwoen Seyten, daß sich die zwote zu der ersten wie 2. zu 1. verhielte: denn sie war die hohe Octav. Und so fand er auch die Quart, und Quint; aber nicht die Terz, wie einige irrig glauben. Dieß war nun schon genug der Musik eine andere Gestalt zu geben, und ein Instrument mit mehrern Seyten zu erfinden, oder solches immer noch mit einer Seyte zu vermehren. Es kam aber auch bald zu einem musikalischen Krieg: denn nach dem Pythagor kam Aristoxen von Tarent, ein Schüler des Aristotels. Und da jener alles nach der Ration und Proportion, dieser aber alles nach dem Ohr untersuchte, erwuchs ein langwieriger Streit, welcher endlich durch den Vorschlag beygelegt wurde:

Daß

(ff) Seine Schriften sollen seyn: die Argonautica, Hymni und Præcepta de Lapidibus Die neueste Ausgabe soll zu Utrecht 1689. von Andr. Christ. Eschenbach mit gelehrten Anmerkungen heraus gekommen seyn.

(gg) Zu jener Zeit als diese Männer lebeten, wurden die gelehrten Leute vergöttert. Und eben dieses ist die Ursache, warum alles so fabelhaft läßt. Wer weis es? Vielleicht haben die Poeten der künftigen Jahrhunderte Stoff genug unsere heutigen Virtuosen als Götter zu besingen? Denn es scheint wirklich als wenn die alten Zeiten wieder kommen möchten. Man pflegt (wie man sagt) dermal schon an vielen Orten, die Gelehrten und Künstler, mit lauter Bravo fast zu vergöttern, ohne sie mit einer andern gebührenden und nachdrücklichen Belohnung zu beehren. Allein, dergleichen magere Lobeserhebungen sollten den Herrn Virtuosen auch eine Natur der Götter einflösen, und ihre Leiber verklären, damit sie von himmlischen Einbildungen leben könnten, und nimmer einer zeitlichen Nothwendigkeit bedürften.

Daß Vernunft und Gehör zugleich urtheilen sollen.   Die Ehre dieser
Vermittelung wird von einigen dem Ptolomäus, von andern dem Didymus
zuerkannt: obwohl auch einige sind, die den Didymus selbst für einen Aristoxener halten.   Inzwischen soll sich doch die pythagorische Lehrart 5. bis 600. Jahre
in Griechenland erhalten haben.   Die, so des Pythagors Meinung beypflichteten,
wurden Canonici, die Aristoxener aber Harmonici genannt (hh).   Von dieser Zeit bis auf die gnadenreiche Geburt unsers Erlösers, und etwa hernach bis
gegen das Jahr 500., ja gar bis gegen das Jahr Christi 1000., hat man zwar
da und dort in der Musik etwas zu verbessern gesucht; man hat mehrere Töne
ausgedacht, wie Ptolomäus die grosse Terz, und ein gewisser Olympus einige Zwischentöne (ii).   Doch ist in der Hauptsache nichts geändert worden.   Es
hat zwar auch gegen das Jahr Christi 502., oder 515. Boetius, ein edler Rö-
mer, die griechische Musik, so viel an ihm war, zu den Lateinern gebracht, viele
griechische Schriften in die lateinische Sprache übersetzet, und, wie viele glauben,
anstatt über die griechischen, nun über die lateinischen Buchstaben zu singen angefangen.   Nicht weniger hat der Heil. Papst Gregor der Grosse, etwa im Jahr
Christi 594.', sich in Verbesserung der Musik recht sehr viele Mühe gegeben; Er
hat, um die Musik in eine bessere Ordnung zu bringen, die unnöthigen Buchstaben weggeschaft, und dadurch die Musik um vieles erleichtert; Ihm hat man
den gregorianischen Kirchengesang zu verdanken, u. s. f.   Doch blieb es noch
immer im Grunde bey der griechischen Musik.   Bis endlich Guido von Arrezo
eine sogenannte neuere Musik erfand; und zwar im Jahr Christi 1024. oder
vielleicht, nach anderer Meinung 1224.: die aber noch neuer und lebhafter wurde durch die Erfindung eines gewissen gelehrten Franzosen, Jean de Murs, oder
Johann von der Mauer, welcher die Musik in ein ganz anderes Licht gesetzet hatte (kk).   Diese merkliche Veränderung soll sich nach einiger Meinung
um das Jahr Christi 1220, oder wie andere wollen 1330. oder gar 1353. zuge-
tragen

(hh) Pythagoras mag etwa um das Jahr der Welt 3430., Aristoxen aber im 3620sten
     gelebt haben.

(ii) Ptolomäus hat zwar das wahre Verhältniß der grossen Terz gefunden; es war aber
     nur im harmonischen Geschlechte brauchbar.   Joseph Zarlin, ein Italidner, hat
     erst das Verhältniß der grossen und kleinen Terz gefunden.

(kk) Guido war ein Benedictiner im Kloster Pompofa in dem ferrarischen Gebiethe.   Er
     wurde Arretinus genannt: weil er zu Arrezo in Welschland gebohren war.   Was
     er, und Johann von der Mauer eigentlich in der Musik gethan, wird im ersten
     Hauptstücke in etwas beygebracht werden.

tragen haben. Man hat es nach der Hand gewagt immer etwas beyzusetzen, und endlich ist sie nach und nach zu einer so schönen Gestalt gekommen, in welcher man sie heut zu Tage bewundert. Unter den ältesten Schriftstellern sind die, welche vorhin vom Boetius, in letztern Zeiten aber jene, welche von dem Maibom aus dem Griechischen ins Lateinische sind übersetzet worden. (*ll*) Dem ist Wallis gefolget, welcher zu Orfort in Engelland im Jahre 1699. die übrigen griechischen Schriftsteller gleichfalls griechisch und lateinisch herausgegeben hat. (*mm*) Glarean, Zarlin, Bontemps, Zacconi, Galilei, Gaffur, Berard, Donius, Bonnet, Tevo, Kircher, Froschius, Artusi, Kepler, Vogt, Neidhardt, Euler, Scheibe, Prinz, Werkmeister, Fux, Mattheson, Mizler, Spies, Marpurg, Quanz, Riepel, und andere mehr, die ich oder nicht kenne, oder die mir itzt nicht gleich beyfallen, sind lauter Männer, die sich durch ihre Schriften um die Musik bey der gelehrten Welt ungemein verdient gemacht haben. Es sind aber lauter theoretische Schriften. Wer practische Schriftsteller sucht, kan derer viele hundert finden, wenn er sich nur in den Wörterbüchern Brossards und Walthers umsieht. Der erste hat sein Buch französisch, der andere deutsch geschrieben: und beede haben sich damit Ehre gemacht.

§. 6.

Nun will ich mit meiner Untersuchung fortfahren, und inzwischen den Merkur vor den Erfinder der Seyteninstrumente angeben; bis gleichwohl ein anderer ein mehreres Recht dazu erweiset. Es kommen die alten und neuen Schriften völlig übereins, daß, nachdem einsmals der über seine Gränzen ausgetrettene Nilfluß ganz Egypten überschwemmet hatte, endlich aber in sein Lager wieder zurücke geflossen war, Merkur unter den ausgeschwemmten und auf

den

(*ll*) Marcus Meibomius hat den Aristoxenum, Euclidem, Nicomachum, Alypium, Gaudentium, Bachium, Aristidem Quintilianum und das neunte Buch Martiani Capellæ griechisch und lateinisch zu Amsterdam Anno 1652. in Quart heraus gegeben.

(*mm*) Wer sich die Geschichte und Lehrsätze der alten und neuen Musik mehr bekannt machen will, der lese Marpurgs Einleitung in die Geschichte und Lehrsätze der alten und neuen Musik; und in Mizlers musikalischer Bibliothek wird er vieles finden.

den Wiesen und Feldern zurück gebliebenen Thieren eine Schildkrote gefunden habe, in deren Schale nichts mehr, als die ausgetrockneten Nerven oder Spann= adern noch übrig waren. Diese, da sie bey deren Berührung, nach der Ver= schiedenheit ihre Länge und Dicke, auch verschiedene Töne von sich gaben, sollen den Merkur zur Erfindung eines dergleichen Instruments veranlasset haben. (nn). Und dieß war die so berufene Leyer der Alten, und das erste Seyten= instrument, (oo) aus welchem nach der Hand durch Vermehrung der Seyten, deren anfänglich nur 3. bis 4. waren, und durch die Abänderung der Gestalt viele andere Instrumente entstanden sind. Zu dessem mehrerem Beweise dienet uns das Wort Chelys, durch welches man im lateinischen eine Geige und oft durch Chelysta einen Geiger ausdrücket. Da es nun aber im Grunde griechisch ist, und χέλυς eine Schildkrote heißt, (pp) nicht weniger vor die Leyer des Mer= kur genommen wird: (qq) was läßt uns zweifeln, daß unsere heutige Geig= instrumente von dem Merkur, von der gefundenen Schildkrote, und endlich von der so oft benennten Leyer abstamme?

§. 7.

Daß man aber, wie heut zu Tage, mit Darmseyten die Instrumente be= zogen habe, davon finden wir gründliche Anzeigen. (rr) Das lateinische Chor= da, italiänische Corda, und französische la Chorde sind alle von dem griechischen χορδη geborget, welches das eigentliche Wort ist, mit welchem die Mediciner das Ingeweide oder Gedärme benennen; (ss) da es doch in ieder der itzt angeführ= ten Sprachen eine Seyte heißt: weil nämlich die Seyten meistentheils aus dem Gedärme der Thiere verfertiget werden.

§. 8.

(nn) Polidorus Vergilius p. 51. Roberti Stephani Thef. Ling. Lat. fub Voce Chelys.

(oo) Dizionario univerf. di Efraimo Chambers fub Voce Lyra. p. 187. & 188.

(pp) Joannis Scapulæ Lexicon Græco-Latinum.

(qq) Rob. Steph. Thef. Ling. Lat. loco jam cit.

(rr) Homer aus dem Lobgesange des Merkur : : : Εππα δε συμφωνες ιλον επανυσατο χορδας : Aber sieben durch richtige Verhältnisse unter sich übereinstimmende Seyten, die von ausgezogenen Schafdärmen gemacht sind. Und Horaz spricht vom Mer= kur : Tuque teftudo resonare septem callida Nervis.

(ss) Dizion. Univerf. di Efr. Chambers fub Voce Corde p. 212.

§. 8.

Nun ist noch zu untersuchen übrig : ob auch die Klingzeuge der Alten mit einem Bogen gestrichen worden. Wenn wir dem Glarean glauben, so ist so gar die liebe Leyer gegeigt worden; denn er sagt, da er von einem Instrumente, so Tympani Schizan heißt, redet, folgende Worte: - - arcu, quo Lyræ Chordas hodie equinis setis, pice illitis, radunt verius quam verberant, pulsatur aut verritur potius. (*tt*) Was ist dieß anders, als ein mit Pferd= haaren bezogener, und mit Pech beschmierter Geigebogen? und will es uns et= was anders sagen, als daß die Leyer gegeigt, oder vielmehr nach ihrer Art ge= kratzet worden? Es finden sich auch neuere Schriften die dieser Meinung sind; (*uu*) Und wenn wir es mit dem Tevo halten, so bleibt uns kein Zweifel mehr übrig. Ja wir wissen so gar den Erfinder der Violin und des Geigebogen; da er sagt: Die Violin ist von dem Orpheus dem Sohn des Apollo erfunden worden ; und die Dichterinn Sapho hat den mit Pferdhaa= ren bespannten Bogen erdacht, und war die erste, welche nach heu= tiger Art gegeigt hat. (*xx*) Daß wir also, nach diesem Ausspruche, dem Apollo die eigentliche Erfindung der Violin, der Dichterinn Sapho die Art selbige mit dem Bogen zu streichen, aus dem ganzen wissentlichen Hergang der Sache aber dem Merkur den Ursprung aller Geiginstrumente zu verdanken haben.

(*tt*) Glareanus in Dodecachordi Libro 1. C. 17. pag. 49. Er schrieb dieß sein ΔΩΔΕΚΑΚΟΡΔΟΝ im Jahre Christi 1547.

(*uu*) Dizlon. Univers. di Esr. Chambers. pag. 188.

(*xx*) Tevo. P. 1. C. 12. p. 11.

Erstes

Erstes Hauptstück.

Des ersten Hauptstücks

erster Abschnitt.

Von den alten und neuen musikalischen Buchstaben und Noten, wie auch von den itzt gewöhnlichen Linien, und Musikschlüsseln.

§. 1.

Es ist nothwendig, daß ein Anfänger, bevor der Lehrmeister ihm die Geige in die Hände läßt, nicht nur das Gegenwärtige, sondern auch die beyde folgende Hauptstücke dem Gedächtnisse vollkommen einpräge: da widrigenfalls, wenn der lehrbegierige Schüler gleich nach der Violin die beeden Hände strecket; ein und anderes Stücke geschwind nach dem Gehör abzuspielen erlernet; den Grund nur obenhin beschauet, und mit Unbedacht über die ersten Regeln weg siehet, er alsdann auch das Versäumte gewiß nimmermehr nachholet, und folglich sich selbst dadurch in dem Weg
stehet

stehet zu einem vollkommenen Grad der musikalischen Wissenschaften zu gelangen.

§. 2.

Alle unsere Erkenntniß entstehet von dem Gebrauche der äusserlichen Sinnen. Es müssen also nothwendig gewisse Zeichen seyn, welche durch unsere Sehungskraft den Willen augenblicklich dahin antreiben, oder mit der natürlichen Menschenstimme, oder auf unterschiedlichen Klingzeugen nach dem Unterscheid der Zeichen auch verschiedene Töne hervorzubringen.

§. 3.

Die Griechen sangen über ihre Buchstaben, welche sie bald liegend, bald stehend, bald nach der Seite, und auch umgekehrt hinsetzten. Sie hatten derselben bey 48., und bedienten sich keiner Linien; sondern iede Singart hatte ihre besondere Buchstaben, neben welche sie Puncte setzten, um dadurch das Zeitmaas anzuzeigen. (*a*) Diese Puncten gaben den Alten viel zu schaffen; und sie hatten hauptsächlich zu 3. bis 4. Bedeutungen, nämlich: Punctum Perfectionis, Divisionis, Incrementi, & Alterationis. (*b*)

§. 4.

Der heilige Papst Gregor hat die Buchstaben abgekürzet. Er hat die folgende sieben erwählet: A, B, C, D, E, F, G, und hat sie auf 7. Linien gesetzet, aus deren Höhe und Tiefe man die Verschiedenheit der Töne erkennen konnte. Jede Linie hatte folglich ihren Buchstaben: und man sang auch über diese Buchstaben.

§. 5.

Bey 500. Jahre hernach kam Guido und nahm eine merkliche Veränderung vor. Er bemerkte, daß es sehr beschwerlich fiel, die Buchstaben auszusprechen: er veränderte sie also in 6. Syllben; die er aus der ersten Strofe des

C 3   auf

(*a*) Gaffurius in seiner Practica Musicæ, Lib. 2. C. 2. Man lese auch den Marcum Meibomium.

(*b*) Zarlin. P. 3. C. 70. Glarean. L. 3. C. 4. Artusi l'Arte del Contrapunto. p. 71.

auf das Feſt des heiligen Johann des Taufers gemachten Lobgeſanges entnom̄en, nämlich: ut, re, mi, fa, ſol, la:

Ut queant Laxis,	*re*ſonare fibris
mi ra geſtorum,	*fa* muli tuorum
ſol ve polluti,	*la* bii reatum
	Sanĉte Joannes! (*c*)

§. 6.

Hierbey blieb es nicht. Er veränderte nach der Hand auch die Syllben in groſſe Puncte, die er auf die Linien ſetzte, und die Syllben oder Wörter darunter ſchrieb. Ja er gieng noch weiter; und es fiel ihm bey die groſſen Puncte auch in den Zwiſchenraum zu ſetzen. (*d*) Dadurch erſparte er auch zwo Linien: denn er ſetzte die vormaligen 7. Linien wirklich auf 5. herunter. Dieß hieß nun zwar viel gethan: doch blieb die Muſik wegen der gleichen Puncte noch langſam und ſchläferig.

§. 7.

Dieſe Beſchwerniß überwand Johann von der Mauer. (*e*) Er veränderte die Puncte in Noten; und dadurch entſtunde endlich eine beſſere Eintheilung und ein Zeitmaas, ſo man vorher nicht hatte. Anfänglich erfand er die folgenden 5. Figuren:

Maxima,	Longa,	Brevis,	Semibrevis,	Minima. (*f*)

Man wagte es nach der Hand dieſe fünf Figuren mit noch zwo andern zu vermehren: nämlich mit einer Seminiminima und mit einer Fuſa, z. E.

man

(*c*) Angelo Berardi hat es in eine Zeile geſchloſſen: *ut relevet miſerum fatum ſolitosque labores.*

(*d*) Von dieſen Puncten iſt das Wort Contrapunct entſtanden, welche Art der Compoſition ein ieder verſtehen muß, der ein rechtſchaffener Componiſte heiſſen will.

(*e*) Was Guido und Johann von der Mauer für Leute geweſen, iſt in der Einleitung ſchon geſagt worden.

(*f*) Glareanus L. 2. C. L.

man machte aus der Minima eine Semiminima, da man ſie ſchwarz ausfüll-
te: ♩ oder man ließ ſie weiß; ſie bekam, aber oben ein kleines Häckel. ♪
Auf eben dieſe Art wurde die Fuſa ſchwarz vorgeſtellet; oben aber durch ein
Häckel von der Semiminima unterſchieden: ♪ oder man-ließ ſie auch weiß;
doch bekam ſie 2. Häckel. ♫ Die Inſtrumentiſten nahmen ſich endlich die
Freyheit auch ſo gar die Fuſam zu zertheilen, und eine Semifuſam zu erfinden. Sie war freylich bald erfunden. Man ſtrich die ſchwarze Noten zweymal; ♫ oder, wenn ſie weiß blieb, ſtrich man ſie dreymal. ♫ (g) Endlich iſt mit dem Anwachs der Jahre auch die Muſik immer geſtiegen, und mit
langſamen Schritten durch viele Mühe zu dem heutigen Grad der Vollkommenheit (h) empor geſtiegen.

§. 8.

Fünf Linien ſind es auf welche wir itzt unſere Noten ſetzen; und die uns
gleich einer Stiege das Aufſteigen und Abſteigen der Töne zu erkennen geben.
Es werden ſowohl unter dieſe 5. Linien, als auch über dieſelben noch andere
gezogen: wenn nämlich die Höhe oder Tiefe des Inſtruments und der Melodie
ſolches erfordert.

§. 9.

Jedes Inſtrument wird an einem Zeichen erkennet, welches man den Schlüſſel nennet. (i) Dieſer Schlüſſel ſtehet allezeit auf einer Linie. Er führt einen
gewiſſen

(g) Glareanus, eodem loco.
(h) Man ſtoſſe ſich nicht an dem Worte: Vollkommenheit. Wenn wir genau und nach
der Schärfe darein ſehen, ſo ſind freylich noch Stuffen ober uns. Doch glaube
ich, wenn es wahr wäre, daß die griechiſche Muſik die Krankheiten geheilet hätte: ſo müßte unſere heutige Muſik unfehlbar gar die Erblaßten aus ihrer Sär-
ge rufen.
(i) Das Wort Schlüſſel iſt hier metaphoriſch genommen. Denn gleichwie ein aus Ei-
ſen gemachter Schlüſſel das Schloß, zu dem er gemacht iſt, aufſchließt; alſo
eröffnet uns der muſikaliſche Schlüſſel den Weg zu dem Geſange, zu welchem er
beſtimmet iſt.

gewissen Buchstaben, aus dem wir den Gesang und die Folge der Musikleiter er=
kennen. Man wird es an seinem Orte klärer sehen. Hier sind die Schlüssel:

Der Diskant, der Alt, und der Tenor haben ihren Schlüssel im (C) folglich was
höher hinauf geht heißt (d) (e) (f) 2c. Der Baß hat ihn im (F) was her=
unter geht heißt also (e) (d) und so fort: hinauf aber (g) (a) und so weiter.
Der Violinschlüssel hat seinen Sitz im (G), wie wir bey der Erklärung der
Buchstaben sehen werden.

§. 10.

Es kann sich aber die Violin dieses Schlüssels nicht allein rühmen: denn
es bedienen sich dessen auch verschiedene andere Instrumente, als da sind: die
Trompete, das Jägerhorn, die Zwerchflaute und alle dergleichen Blasinstrumente.
Und obwohl sich die Violin theils durch die Höhe und Tiefe theils auch durch
solche Passagen unterscheidet, die nur der Violin eigen sind: (k) so würde es
doch sehr gut seyn, wenn man den Schlüssel wenigstens bey der Trompete und
bey dem Jägerhorn versetzete. Aus dieser Besetzung könnte man doch alsobald
wissen, ob man ein C oder D Trompete, und ob man ein c, d, f, g oder a
Horn u. s. f. nöthig hat. Man könnte es also setzen:

Der.

(k) Dieß ist ein merklicher Punct. Man sieht gleich aus dem Satze ob der Setzer die
Natur des Instruments verstehet. Und wer sollte nicht lachen, wenn man z. E.
auf der Violin solche Gänge, Sprünge und Verdoppelungen abgeigen soll, da=
zu noch 4. andere Finger nöthig wären?

Der Schlüffel bleibt allezeit im G: und wenn man hinauf zählt bis in den Zwi=
fchenraum, wo das gewöhnliche c der Violin ftehet; fo weis man auch alfogleich
was für Horn der Schlüffel anzeiget.   Man hat auf diefe Art in vorigen Zei=
ten fehr oft den Violinfchlüffel um 3. Töne herunter gefetzt, um die gar hoch ge=
fetzten Stücke füglicher zu Papier zu bringen.   Alsdann hieß er der franzöfifche
Schlüffel: z. E.

§. II.

Die Noten find mufikalifche Zeichen, welche durch ihre Lage die Höhe und
Tiefe, durch ihre Geftalt aber die Länge oder Kürze, das ift, die Dauer der=
jenigen Töne anzeigen, die wir mit der menfchlichen Stimme, oder auf dazu
verfertigten Klingzeugen hervorzubringen bemühet find.   Hier find die heutigen
Noten, famt ihrer Benennung.

§. 12.

Man hat die 7. gregorianifchen Buchftaben bis diefe Stunde in der Mufik
beybehalten, durch welche die Noten nach ihrer Lage, und folglich die Töne der
Benennung nach unterfchieden werden.   Sie find alfo folgende: A, B, C,
D, E, F, G, welche allezeit wiederholet werden.

§. 13.

Die Violin hat 4. Seyten, deren iede ihre Benennung von einem dieſer 7. Buchſtaben hat.   Nämlich:

Die kleineſte oder feineſte Seyte heißt (E); die neben ihr etwas gröſſere (A); die folgende (D); und die ſtärkeſte heißt (G).

§. 14.

Um nun mehrere Töne hervorzubringen muß man die Seyten mit den Fingern belegen.   Dieſes geſchiehet aber in folgender Ordnung:

Man ſieht hier ganz klar die mit den groſſen Buchſtaben bemerkte 4. leeren Sey-ten, und nach ieder die mit den Fingern auf denſelben zu nehmende übrigen Töne; welche ſich der Schüler wohl in das Gedächtniß faſſen muß: damit er ohne die Buchſtaben auf den Noten zu ſehen, und ohne vielem Nachdenken alſogleich weis, was für einen Buchſtabsname iede Note führet, ſie ſtehe wo ſie wolle. Nicht minder iſt hier wohl anzumerken, daß das unter den 7. Buchſtaben vor-kommende, und mit dem Zeichen (♮) bemerkte B, oder (b ♮) bisher mei-ſtens mit dem Buchſtabe (H) iſt benennet worden.   Wovon man die Urſache an ſeinem Orte leſen wird.

Des

Des ersten Hauptstücks
zweyter Abschnitt.
Von dem Tacte, oder musikalischen Zeitmaaße.

§. 1.

Der Tact macht die Melodie: folglich ist er die Seele der Musik. Er belebt nicht nur allein dieselbe; sondern er erhält auch alle Glieder derselben in ihrer Ordnung. Der Tact bestimmet die Zeit, in welcher verschiedene Noten müssen abgespielet werden, und ist dasjenige, was manchem, der sonst in der Musik schon ziemlich weit gekommen ist, auch wider seine von sich selbst habende gute Meinung öfters noch mangelt; welcher Mangel von der anfänglichen Vernachläßigung des Tactes herrühret. Es ist also an dem musikalischen Zeitmaaße alles gelegen: und der Lehrmeister hat seine größte Mühe mit Geduld dahin anzuwenden, daß der Schüler solches mit Fleiß und Obachtsamkeit rechtschaffen ergreife.

§. 2.

Der Tact wird durch das Aufheben und Niederschlagen der Hand angezeiget; nach welcher Bewegung alle zugleich singende und spielende Personen sich zu richten haben. Und gleichwie die Mediciner die Bewegung der Pulsadern mit dem Name Systole und Diastole benennen (*a*): also heißt man in der Musik das Niederschlagen Thesin das Aufheben der Hand aber Arsin (*b*).

§ 3.

Bey der alten Musik hatte man unterschiedliche Meinungen: und es war alles in grosser Verwirrung. Man bemerkte den Tact durch ganze Cirkel und halbe

D 2

(a) Συϛτολὴ, Διαϛτολὴ.
(b) Θέϭις, Ἄρϭις Giuseppe Zarlino Cap. 49. Es kommt unfehlbar von τίθημι, pono; und von αἴϱω, tollo.

be Cirkel, die theils durchſchnitten theils umgewendet, theils aber bald von innen bald von auſſen durch einen Punct unterſchieden waren. Da nun aber ſolches ſchimmlichtes Zeug hieher zu ſchmieren gar zu nichts mehr dienlich iſt: ſo werden die Liebhaber an die alten Schriften ſelbſt angewieſen (c).

§. 4.

Der heutige Tact wird in den gleichen und ungleichen vertheilet, und am Anfange eines ieden Stückes angezeiget. Der gleiche Tact hat zween Theile (d); der ungleiche hingegen hat 3. Theile. Damit aber die Gleichheit dem Schüler begreiflicher wird; ſo wird der gleiche oder der ſogenannte gerade Tact in vier Theile eingetheilet, und darum auch der Viervierttheiltact genennet. Sein Zeichen iſt der lateiniſche C Buchſtabe. Hier ſind alle itzt gewöhnliche Gattungen der Tacte.

Das gleiche Zeitmaaß.

Der gerade oder Viervierttheiltact.   Der Zweyvierttheiltact.   Der Allabreve.

Das ungleiche Zeitmaaß.

Der ganze Tripel.   Der halbe Trippel.   Der Dreyviertheiltact.   Der dreyachttheil.   Der Sechsviertheil.   Der Sechsachttheil.   Der Zwölfachttheil.

Dieſe Gattungen der Tacte ſind ſchon hinlänglich den natürlichen Unterſcheid einer langſamen und geſchwinden Melodie einigermaſſen anzuzeigen, und auch demjenigen

(c) Dergleichen Unterhaltung findet man unter andern bey dem Glarean, L. 3. C. 5. 6. & 7. Man leſe auch den Artuſi, pag. 59, 67, & ſeq. und den Froſchium C. 16.

(d) Daß der gerade Tact hauptſächlich nur zweytheilig ſey, muß ein guter Componiſt am beſten wiſſen: denn wie ſchlecht lobt das Werk den Meiſter, wenn mancher in dem zweyten oder vierten Gliede ſeine Cadenze ſchließt. Nur in wenigen und beſonders in Baurentänzen, oder andern ausſchweifenden Melodien wird es entſchuldiget.

jenigen der den Tact ſchlägt ſeine Bequemlichkeit zu verſchaffen (e). Denn in einem Zwölfachttheiltacte wird eine geſchwindere Melodie angebracht, als in dem Dreyachttheiltacte; weil dieſer in dem geſchwindeſten Tempo nicht kann geſchlagen werden, ohne die Zuſchauer zum Gelächter zu bewegen : ſonderheitlich wenn man die erſten zwey Viertheile durch ſtarke Erhebung der Hand unterſcheiden wollte.

§. 5.

Unter dieſen Tacten iſt der gerade Tact der Haupttact, auf welchen ſich alle die übrigen beziehen : Denn die obere Zahl iſt der Zähler; die untere aber der Nenner. Man ſpreche alſo : Von den Noten, deren vier auf den geraden Tact gehen, kommen zwo auf den Zweyviertheiltact. Man ſieht daraus, daß der $\frac{2}{4}$ Tact nur zween Theile hat, nämlich, den Aufſtrich und Niederſtrich. Und weil 4. ſchwarze oder Viertheilnoten auf den geraden Tact gehen; ſo müſſen derſelben zwo auf den $\frac{2}{4}$ Tact kommen. Auf dieſe Art werden alle Tacte unterſucht. Denn eben alſo ſieht man bey dem ganzen Tripel $\frac{3}{1}$, daß von den Noten, deren eine auf den geraden Tact kommt, nothwendig drey auf den $\frac{3}{1}$ Tripel kommen müſſen; welches man in dem folgenden Abſchnitte klärer einſehen wird.

§. 6.

Der Allabreve iſt eine Abkürzung des geraden Tactes. Er hat nur zween Theile, und iſt nichts anders, als der in zween Theile gebrachte Vierviertheiltact: daß folglich zwey Viertheile auf eins zu ſtehen kommen. Das Zeichen des Allabreve iſt der durchſtrichene C Buchſtabe : ₵. Man pflegt in dieſem Tacte wenige Auszierungen anzubringen (f).

D 3 §. 7.

(e) Die Herren Kunſtrichter werden ſich ja nicht daran ſtoſſen, wenn ich die $\frac{4}{8}$ $\frac{2}{8}$ $\frac{9}{16}$ $\frac{12}{24}$ $\frac{12}{4}$ $\frac{12}{8}$ Tacte weg laſſe. In meinen Augen ſind ſie ein unnützes Zeug; man findet ſie in den neuern Stücken wenig oder gar nicht; und man hat wirklich Tactsveränderungen genug alles auszudrücken, daß man dieſer letztern nicht mehr benöthiget iſt. Wer ſie liebt, der mag ſie mit Haut und Haare nehmen. Ja ich würde den ganzen Tripel auch noch großmüthig dazu ſchenken, wenn er mich nicht noch aus einigen alten Kirchenſtücken trotzig anſchauete.

(f) Die Welſchen nennen den geraden Tact : Tempo minore; den Allabreve aber Tempo maggiore.

§. 7.

Dieß iſt aber nur die gewöhnliche mathematiſche Eintheilung des Tacts, welches wir eigentlich das Zeitmaas und den Tactſchlag nennen (g). Nun kommt es noch auf eine Hauptſache an: nämlich, auf die Art der Bewegung. Man muß nicht nur den Tact richtig und gleich ſchlagen können: ſondern man muß auch aus dem Stücke ſelbſt zu errathen wiſſen, ob es eine langſame oder eine etwas geſchwinde-re Bewegung erheiſche. Man ſetzet zwar vor iedes Stück eigens dazu beſtimmte Wörter, als da ſind: Allegro, luſtig; Adagio, langſam, u. ſ. f Allein das Langſame ſowohl als das Geſchwinde und Luſtige hat ſeine Stuffen. Und wenn auch gleich der Componiſt die Art der Bewegung durch Beyfügung noch ande-rer Beywörter und Nebenwörter deutlicher zu erklären bemühet iſt: ſo kann er doch unmöglich jene Art auf das genaueſte beſtimmen, die er bey dem Vortrage des Stückes ausgedrücket wiſſen will. Man muß es alſo aus dem Stücke ſelbſt herleiten: Und hieraus erkennet man unfehlbar die wahre Stärke eines Muſik-verſtändigen. Jedes melodiſches Stück hat wenigſtens einen Satz, aus welchem man die Art der Bewegung, die das Stück erheiſchet, ganz ſicher erkennen kann. Ja oft treibt es mit Gewalt in ſeine natürliche Bewegung; wenn man anders mit genauer Achtſamkeit darauf ſiehet. Man merke dieſes, und wiſſe aber auch, daß zu dieſer Erkenntniß eine lange Erfahrung, und eine gute Be-urtheilungskraft erforderet werde. Wer wird mir alſo widerſprechen, wenn ich es unter die erſten Vollkommenheiten der Tonkunſt zähle?

§. 8.

Man muß demnach bey der Unterweiſung eines Anfängers keine Mühe ſpah-ren ihm den Tact recht begreiflich zu machen. Dazu wird ſehr dienlich ſeyn, wenn der Lehrmeiſter dem Schüler öfters die Hand zum Tacte führet; alsdann aber ihm ein und andere Stücke von verſchiedener Tactsart und abwechſelnder Bewe-gung vorſpielet, und den Lehrling den Tact ganz allein dazu ſchlagen läßt: um zu verſuchen, ob er die Abtheilung, Gleichheit, und endlich auch die Verände-rung der Bewegung verſtehet. Geſchieht dieſes nicht; ſo wird der Anfänger manches Stücke ſchon fertig nach dem Gehör wegſpielen, ohne einen guten Tact ſchlagen zu können. Und wem wird es nicht lächerlich ſcheinen; wenn ich ihm ſage, daß ich ſelbſt einen geſehen, der, ob er gleich die Violin ſchon ziemlich gut ſpielte, doch den Tact, ſonderbar zu langſamen Melodien, unmöglich hat ſchla-gen

(g) Tempus, Menſura, Tactus. Lat. Battuta. Ital. La Meſure. Franc.

gen können? Ja, daß er vielmehr, anſtatt die Viertheile mit der Hand richtig anzuzeigen, alle Noten, die man ihm vorgeſpielet, mit gleicher Bewegung der Hand nachgeahmet, bey aushaltenden Noten ausgehalten, bey laufenden gleich= ſam auch mitgelaufen, und mit einem Worte alle Bewegungen der Noten mit gleicher Bewegung der Hand nach dem Gehör ausgedrücket hat? Wo kommt dieß anders her, als wenn man dem Schüler gleich die Geige in die Hände läßt, bevor er genugſam unterrichtet worden? Man lehre ihn alſo vorher iedes Viertheil des Tactes mit Ernſt, mit Gleichheit, mit Geiſte und Eifer recht ſchlagen, aus= drücken und unterſcheiden; hernach wird er die Violin mit Nutzen zur Hand nehmen.

§. 9.

Die Anfänger werden auch nicht wenig verderbet, wenn man ſie an das be= ſtändige Abzählen der Achttheilnoten gewöhnet. Wie iſt es möglich, daß ein Schüler, dem ſein Meiſter mit ſolchen Irrlehren bange macht, in einem nur etwas geſchwindern Zeitmaaſe fortkomme, wenn er iede Achttheilnote abzählet? Ja was noch ärger! wenn er alle Viertheilnoten und ſo gar auch die halben Noten in einfache Fuſſellen in der Stille abtheilet, mit merklichem Nachdruck des Bogen unterſcheidet, und auch (wie ich es ſelbſt gehört habe) mit lauter Stimme herzäh= let, oder gar mit dem Fuſſe ſo viele Schläge niederſtößt? Man will ſich zwar entſchuldigen, daß dieſe Art zu unterweiſen nur aus Noth ergriffen werde: um einen Anfänger eher zu einer gleichen Eintheilung des Tactes zu bringen. Allein dergleichen Gewohnheiten bleiben; und der Schüler verläßt ſich darauf und kommt endlich dahin, daß er ohne dieſe Abzählung keinen Tact richtig wegſpielen kann (b). Man muß ihm alſo erſt die Viertheile recht benzubringen ſuchen, und als= dann die Unterweiſung dahin einrichten, daß der Anfänger iedes Viertheil mit genauer Gleichheit in Achttheile, die Achttheile in Sechzehntheile u. ſ. f. verän= dern kann. In dem folgenden Hauptſtücke wird es durch Benſpiele klärer vor Augen geſtellet werden.

§. 10.

(b) Man muß freylich zu Zeiten auf ganz beſondere Mittel gedenken, wenn man Leuten, die keine natürliche Fähigkeit haben, etwas beybringen ſoll. Eben alſo mußte ich einsmals eine ganz beſondere Notenerklärung erfinden. Ich ſtellte nämlich die ganzen Noten als ſogenannte Batzen oder 4. Kreutzerſtücke vor, die halben Noten durch halbe Batzen, die Viertheilnoten durch die Kreutzer, die einfachen Fuſſellen durch die halben Kreutzer oder Zweenpfenniger, die doppelten Fuſſellen als Pfen= nige, und endlich die dreyfachen Fuſſellen als Häller. Läßt dieß nicht recht lä= cherlich? Und ſo lächerlich und einfältig es immer klingt, ſo half es doch: Denn dieſer Saamen hatte das richtigſte Verhältniß mit der Erde, in die er geworfen ward.

§. 10.

Manchesmal verſtehet zwar der Lehrling die Eintheilung; es iſt aber mit
der Gleichheit des Tactes nicht richtig.   Man ſehe hierbey auf das Temperament
des Schülers; ſonſt wird er auf ſeine Lebstage verdorben.   Ein fröhlicher, luſti=
ger, hitziger Menſch wird allezeit mehr eilen; ein trauriger, fauler, und kaltſin=
niger hingegen wird immer zögern.   Läßt man einen Menſchen der viel Feuer und
Geiſt hat gleich geſchwinde Stücke abſpielen, bevor er die Langſamen genau nach
dem Tacte vorzutragen weis; ſo wird ihm das Eilen lebenlänglich anhangen.   Legt
man hingegen einem froſtigen und ſchwermüthigen Maulhänger nichts als lang=
ſame Stücke vor; ſo wird er allezeit ein Spieler ohne Geiſt, ein ſchläfriger und
betrübter Spieler bleiben.   Man kann demnach ſolchen Fehlern, die von dem
Temperamente herrühren, durch eine vernünftige Unterweiſung entgegen ſtehen.
Den Hitzigen kann man mit langſamen Stücken zurück halten und ſeinen Geiſt
nach und nach dadurch mäßigen: den langſamen und ſchläfrigen Spieler aber,
kann man mit frölichen Stücken ermuntern, und endlich mit der Zeit aus einem
Halbtoden einen Lebendigen machen.

§. 11.

Ueberhaupt ſoll man einem Anfänger nichts Hartes vorlegen, bevor er
nicht das Leichte rein wegſpielen kann.   Man ſoll ihm ferner keine Menueten
oder andere melodiöſe Stücke geben, die ihm leicht in dem Gedächtniſſe bleiben:
ſondern man laſſe ihn anfangs Mittelſtimmen von Concerten, wo Pauſen darinn
ſind, oder auch figirte und mit einem Worte ſolche Stücke vor ſich nehmen, die
er mit genauer Beobachtung alles deſſen, was ihm zu wiſſen nothwendig iſt, ab=
ſpielen und folglich zu Tage legen muß, ob er die ihm vorgetragene Regeln ver=
ſtehe oder nicht.   Widrigenfalls wird er ſichs angewöhnen, alles nach dem Ge=
hör auf Gerathe wohl abzuſpielen.

§. 12.

Der Schüler muß ſich ſonderbar befleiſſen alles was er ſpielt in dem näm=
lichen Tempo zu enden, in welchem er es angefangen hat.   Er beugt dadurch je=
nem gemeinen Fehler vor, den man bey vielen Muſiken beobachtet, deren Ende
viel geſchwinder als der Anfang iſt.   Er muß ſich alſo gleich anfangs in eine
gewiſſe vernünftige Gelaſſenheit ſetzen; und beſonders wenn er ſchwerere Stücke
zur Hand nimmt, muß er dieſelben nicht geſchwinder anfangen, als er ſich getrauet
die darinn vorkommenden ſtärkern Paſſagen richtig wegzuſpielen.   Er muß die
ſchweren Paſſagen öfters und beſonders üben; bis er endlich eine Fertigkeit erhält
das ganze Stück in einem rechten und gleichen Tempo hinauszubringen.

Des

Des erſten Hauptſtücks
dritter Abſchnitt.

Von der Dauer oder Geltung der Noten, Pauſen und Puncten; ſamt einer Erklärung aller muſikaliſchen Zeichen und Kunſtwörter.

§. 1.

Die Geſtalt der heutiges Tages üblichen Noten iſt in dem vorigen Abſchnitte bereits vor Augen gelegt worden. Nun ſind auch die Dauer oder Geltung der Noten, deren Unterſcheid, die Geſtalt der Pauſen, u. ſ. w. noch zu erklären übrig. Ich will Anfangs von der Pauſe reden; alsdann aber beedes, Noten und Pauſen, mit einander vereinbaren, und unter iede Note jene Pauſe ſetzen, die mit derſelben in gleichem Verhältniße ſtehet.

§. 2.

Die Pauſe iſt ein Zeichen des Stillſchweigens. Es ſind drey Urſachen, warum die Pauſe als eine nothwendige Sache in der Muſik erfunden worden. Erſtens, zur Bequemlichkeit der Sänger und der Blasinſtrumentiſten, um ihnen Zeit zu laſſen etwas auszuruhen und Athem zu hohlen. Zweytens, aus Nothwendigkeit: weil die Wörter in den Singſtücken ihren Abſatz erfordern; und weil in mancher Compoſition eine oder die andere Stimme öfter ſtille halten muß, wenn anders die Melodie nicht ſoll verdorben und unverſtändlich gemacht werden. Drittens, aus Zierlichkeit. Denn gleichwie ein beſtändiges Anhalten aller Stimmen den Singenden, Spielenden und Zuhörenden, nichts als Verdruß verurſachet: alſo erwecket eine liebliche Abwechſelung vieler Stimmen, und derſelben endliche Vereinigung und Zuſammenſtimmung ein vieles Vergnügen (a).

§. 3.

(a) Es liegt viel daran, wenn der Componiſt die Pauſe am rechten Orte anzubringen weis. Ja ſo gar eine kleine Sospir zur rechten Zeit geſetzet, kann vieles thun.

§. 3.

Eine Art der Pausen sind auch die Sospiren. Man nennet sie Sospiren (b); weil sie von kurzer Dauer sind. Hier will ich iede Pause unter die Note setzen, mit welcher sie in der Dauer oder Geltung übereins kommt.

Longa.
Eine lange Note.

Breve.
Eine kurze Note.

Semibreve.
Eine ganze Note.

Minima.
Die halbe Note.
Gilt iede 2 Viertheile.

Gilt 4 Tacte.   Gilt 2 Tacte.   Sie gilt einen Tact, oder 4 Viertheile.   Kommen 2 auf den geraden Tact.

NB. In dem $\frac{3}{1}$ Tripel wird diese ganze Note als ein Viertheil angesehen.

Eine halbe Pause.

Diese Pause gilt 4 Tacte, es mag in einem gleichen oder ungleichen Tacte seyn.   Die Pause gilt 2 Tacte.   Diese Pause gilt allezeit einen Tact, es sey im gleichen oder ungleichen Zeitmaase. Im $\frac{3}{1}$ Tripel vertritt diese Pause die Stelle eines Viertheils.

Gilt einen halben Tact.

Semiminima.
Die Viertheilnote.
Gilt iede ein Viertheil.

Croma.
Die einfache Fusette, oder Achttheilnote.
Gehen 2 auf ein Viertheil.

Gehen 4 auf den geraden Tact.   Gehen 8 auf den geraden Tact.

Ein Viertheilsospir.   Ein halb Viertheil- oder Achttheilsospir.

Gilt so viel als eine Viertheilnote.   Gilt so viel als eine Achttheilnote.

Semi-

(b) Vom italiänischen, Sospiraro, Seufzen.

Semicroma.

Die doppelte Fufelle oder Sechzehentheilnote.   Gehen 4 auf ein Viertheil.

Gehen 16. auf den ganzen Tact.

Eine doppelte oder Sechzehntheilfospir.

Gilt fo viel als ein Sechzehntheilnote.

Biscroma.

Die dreyfache Fufelle, gegen 32theilnote.   Gehen 8 auf ein Viertheil.

Gehen 32 auf den geraden Tact.

Eine dreyfache, oder 32theilfospir.

Gilt fo viel als eine zwey und dreyfigtheilnote.

§. 4.

Die Geltung der Noten liegt hier ganz klar zu Tage. Man ficht, daß eine ganze Note, zwo halbe, vier Viertheilnoten, 8 einfache Fufellen oder Achttheilnoten, 16 doppelte und 32 dreyfache Fufellen in einem Werthe find, und daß fowohl die ganze Note, als die zwo halben, die 4 Viertheilnoten, und die 8 einfache Fufellen, u. f. f. iede vor fich einen ganzen geraden Tact oder vier Viertheile betragen.

§. 5.

Gleichwie nun aber diefe verfchiedene Gattungen der Noten, Paufen und Sospiren in der heutigen Mufik beftändig untereinander vermifchet werden: fo

E 2   wird

wird zu mehrerer Deutlichkeit zwiſchen jedem Tacte eine Linie gezogen. Daß
alſo die zwiſchen zwo Linien ſtehenden Noten und Pauſen allezeit ſo viel unter
ſich betragen müſſen, als der am Anfange des Stückes angezeigte Tact erforde=
ret. z. E.

Das (c) iſt ein Viertheilnote, folglich das erſte Viertheil; die (b) und (e)
Noten ſind zwo einmal geſtrichene oder Achttheilnoten und machen alſo das zweyte
Viertheil aus; die doppelte Soſpir und die folgenden 3. Noten (f) (g) und
(a) ſind zuſammen vier Sechzehntheile und deßwegen das dritte Viertheil;
das (g) als ein Achttheilnote und die zwo doppelte Fuſellen (e) und (b) ma=
chen das vierte Viertheil.   Hier iſt eine Linie gezogen: denn hier ſchließt der
erſte Tact.   Die vier doppelten Fuſellen (c) (g) (e) und wider (g) ſind das
erſte Viertheil des zweyten Tactes; die Viertheilnote (c) aber iſt das zweyte
Viertheil, und die darauf folgende Pauſe beträgt 2. Viertheile, denn ſie iſt
eine halbe Pauſe, folglich das dritte und vierte Viertheil.   Alsdann kommt
abermal eine Linie, und hier endet ſich der zweyte Tact.

§. 6.

Eben ſo geht es in dem ungleichen Zeitmaaſe zu, z. E.

Die erſte Soſpir beträgt ein Achttheil folglich ein halbes Viertheil: man nimmt
alſo die darauf folgende Achttheilnote (c) dazu, ſo hat man das erſte Vier=
theil.   Die Doppelſoſpir mit den drey doppelt geſtrichnen Noten (g) (e) und
(b) ſind das zweyte Viertheil.   Das einmal geſtrichene (c) und die zweymal
geſtrichenen zwo Noten (b) und (e) machen das dritte und letzte Viertheil
dieſes erſten Tactes, den die Linie von dem zweyten unterſcheidet.   Die Acht=
theilnoten (b) und (g) ſind das erſte Viertheil; die zwo Viertheilſoſpiren aber
ſind das zweyte und dritte Viertheil des zweyten Tactes. Und ſo fort durch alle
Tactesveränderungen.

§. 7.

§. 7.

Oft werden die Noten auch ſo vermiſchet, daß eine oder auch mehrere müſ=
ſen zertheilet werden. Z. E.

Die Achttheilnote (c) beträgt hier nur ein halbes Viertheil: es muß alſo die ne=
benbey ſtehende Viertheilnote (c), anfangs in Gedanken, nachdem aber auch mit
dem Bogenſtriche zertheilet, und der erſte halbe Theil zur erſten Achttheilnote (c),
der zweyte halbe Theil hingegen zur zwoten Achttheilnote (c) gerechnet werden.
Wer dieſes nicht genug einſieht, der ſtelle ſich die oben angebrachten Noten nur alſo vor,

und ſpiele ſie auch, wie ſie ihm hier vor Augen liegen. Nachdem aber nehme
er das zweyte und dritte (c) mit der nämlichen Gleichheit des Tactes in einem
Striche; iedoch alſo, daß die Abtheilung der Noten durch einen Nachdruck mit
dem Bogen bey ieder Note vernehmlich werde. Z. E.

Welches man auch alſo thun kann, wann mehrere ſolche abzutheilende Noten
nach einander folgen. Z. E.

Denn weil die zwo Noten (d) und (e) müſſen zertheilet werden; ſo kann man ſie,
um eine genaue Gleichheit des Tempo zu erobern, anfänglich glattweg ſpielen;

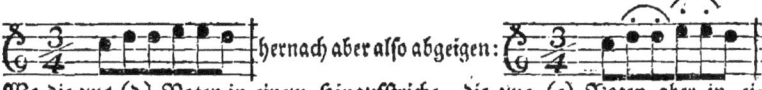

hernach aber alſo abgeigen:

Wo die zwo (d) Noten in einem Hinaufſtriche, die zwo (e) Noten aber in ei=
nem Herabſtriche zuſammen genommen und mit guter Gleichheit durch einen Nach=
druck des Bogens von einander müſſen unterſchieden werden (c). Haͤuptſächlich
muß

E 3

(c) Die Zertheilung dieſer Noten durch den Bogenſtrich findet nur anfangs Platz, bis
der Schüler die Gleichheit des Tactes genau verſtehet. Dann muß man aber die
Abtheilung nicht mehr hören. Man leſe nur den gleich folgenden §. 18.

muß man ſich befleiſſen den zweyten Theil ieder zu zertheilenden Note nicht zu kurz, ſondern dem erſten Theile gleich zu halten: denn dieſe Ungleichheit bey der Zertheilung der Noten iſt ein gemeiner Fehler, welcher das Zeitmaas aus ſeiner Gleichheit in das Geſchwinde treibt.

§. 8.

Der Punct, welcher bey einer Note ſtehet, vergröſſeret ſeine vorhergehende Note um den halben Theil; und die Note, nach welcher der Punct ſtehet, muß noch halb ſo lang gehalten werden, als ihre natürliche Gröſſe beträgt. Z.E. Wenn der Punct nach einer ganzen Note ſtehet, ſo gilt er eine halbe:

Iſt eben dieß.

Nach einer halben Note gilt der Punct eine Viertheilnote.   Nach einer Viertheilnote, eine Achttheilnote.

Iſt eben dieß.   Iſt eben dieß.

Nach einer Achttheilnote eine Sechzehntheilnote, u. ſ. f. (*d*).

§. 9.

(*d*) Ich kann unmöglich einſehen, wie jene ihren Satz beweiſen, welche lehren: Daß der Punct eben ſo viel gelte, als die darauf folgende Note. Wenn nun z. E. hier der Punct nach ſolcher Regel eine 16theilnote, und hier gar nur eine zwey und dreyßigtheilnote gilt, ſo wird ein ſolcher Lehrmeiſter mit ſeiner Rechnung im Tacte ſchlecht beſtehen.

§. 9.

In langsamen Stücken wird der Punct anfangs mit dem Bogen durch einen Nachdruck vernehmlich gemacht: um sicherer im Tacte zu bleiben.   Wenn man sich aber im Tacte schon festgesetzet hat; so wird der Punct durch eine sich verliehrende Stille an die Note gehalten und niemal durch einen Nachdruck unterschieden. Z. E.

§. 10.

In geschwinden Stücken wird der Geigebogen bey iedem Puncte aufgehoben; folglich jede Note von der andern abgesondert und springend vorgetragen. Z. E.

§. 11.

Es giebt in langsamen Stücken gewisse Passagen, wo der Punct noch etwas länger gehalten werden muß, als die bereits vorgeschriebene Regel erfordert: wenn anders der Vortrag nicht zu schläferig ausfallen soll. Z. E. wenn hier

Adagio.

der Punct in seiner gewöhnlichen Länge gehalten würde, würde es einmal zu faul und recht schläferig klingen.   In solchem Falle nun muß man die punctirte Note etwas länger aushalten; die Zeit des längern Aushalten aber muß man der nach dem Puncte folgende Note, so zu reden, abstehlen.

Man halte demnach in dem itzt beygebrachten Exempel die Note (e) mit ihrem Puncte länger; die (f) Note aber nehme man mit einem kurzen Striche so spät, daß die erste der 4. (g) Noten dem richtigen Zeitmaaße nach alsogleich darauf komme.   Der Punct soll überhaupt allezeit etwas länger gehalten werden.   Denn nicht nur wird dadurch der Vortrag lebhafter; sondern es wird auch dem Eilen, jenem fast allgemeinen Fehler, Einhalt gethan: da hingegen durch das wenige Aushalten des Puncts die Musik gar leicht in das Geschwinde verfällt.

fällt. Es wäre sehr gut, wenn diese längere Aushaltung des Puncts recht be;
stimmet und hingesetzet würde. Ich wenigstens habe es schon oft gethan, und
meine Vortragsmeinung habe ich mit zweenen Puncten nebst Abkürzung der dar;
auf folgenden Note also zu Tage geleget:

Es ist wahr, anfangs fällt es fremd in die Augen. Allein was verschlägt dieß?
Der Satz hat seinen Grund; und der musikalische Geschmack wird dadurch be;
fördert. Man besehe es zergliedert. Die Note (e) ist ein Achttheil; der erste
Punct gilt dessen halben Theil, folglich ein Sechzehentheil; der zweyte Punct
gilt des ersten Puncts halben Theil, also ein zwey und dreyßigtheil; und die
letzte Note ist dreymal gestrichen. Man sieht also mittelbar der zweenen Punc;
ten eine einmal gestrichene, eine doppelt gestrichene und zwo dreymal gestrichene
Noten, welche zusammen genommen ein Viertheil ausmachen.

oder

§. 12.

Man muß es öfter versuchen, ob der Schüler die mit Puncten und So;
spiren unter einander vermischte unterschiedlichen Noten in die Viertheile recht ab;
zutheilen weis. Man muß ihm unterschiedliche Tactsarten vorlegen, und ihn
nichts anders vor sich nehmen lassen, bis er alles dieß itzt Vorgetragene aus dem
Grunde verstehet. Ja der Lehrmeister handelt sehr vernünftig, wenn er dem An;
fänger unterschiedliche Veränderungen der Noten in allen Gattungen des Tacts
aufschreibt, und um es begreiflicher zu machen, iedes Viertheil genau unter das
andere setzet.

Hier ist ein Muster über den geraden Tact, welches der Schüler itzt nur
studiren, und alsdann erst geigen muß, wenn er das Hauptstück von der Strich;
art erlernet hat.

NB. Hierher gehöret die hinten beyliegende Tabelle.

§. 13.

§. 13.

Nun kommen wir auf die noch übrige muſikaliſchen Zeichen. Dieſe ſind das ſogenannte Kreutzel (✕), das B (b) und das H (♮), welches die Italiä‑ ner das B quadro oder das viereckigte B nennen. Das erſte, nämlich das Kreutzel (✕) zeiget an, daß die Note, vor welcher es ſtehet, um einen halben Ton muß erhöhet werden. Es wird alſo der Finger um einen halben Ton vor‑ wärts gerücket (e). Z. E.

Die mit ✕ bezeichnete Noten heiſ‑ ſen: Ais, H(i)s oder Bis, Cis, Dis, Eis, Fis und Gis.

Das zweyte, nämlich das (b) iſt ein Zeichen der Erniedrigung. Es wird demnach wenn ein b vor der Note ſtehet der Finger zurück gezogen, und die No‑ te um einen halben Ton tiefer gegriffen (f). Z. E.

Die durch b erniedrigten Noten heiſſen: As, B oder Bes, Ces, Des, Es, Fes und Ges.

Das dritte Zeichen, nämlich das (♮), vertreibt ſowohl ✕ als b, und ruft die Note in ihren eigenen Ton zurück. Denn es wird allezeit geſetzet, wenn eines dieſer beyden Zeichen kurz vorher bey der nämlichen Note, oder vorne bey dem Schlüſſel in dem nämlichen Tone ſtehet (g). Z. E.

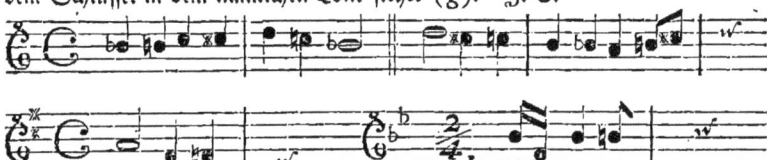

Hier wird die erſte Note tiefer genommen; weil vor derſelben ein b gezeichnet iſt. Da aber die zwote Note in dem nämlichen Tone ſtehet, und ein ♮ vor‑ aus‑

(e) Es wird von dem griechiſchen (Διεσις) Dieſis genennet. Auch Signum Intenſionis.
(f) Das iſt das Signum remiſſionis.
(g) Signum Reſtitutionis. Diejenigen, welche das ♮ Zeichen in ihrer Compoſition nicht brauchen wollen, die irren ſich. Wenn ſie es nicht glauben, mögen ſie mich dar‑ um fragen.

ausgeſetzt iſt: ſo wird bey dieſer Note der Finger wieder vorwärts gerücket, und die Note in ihrem natürlichen Tone genommen. Im zweyten Tacte eben dieſes Exempels wird die zwote Note (c), die durch das ✕ im vorigen Tacte erhöhet worden, durch das ♮ Zeichen wieder erniedriget, u. ſ. w.

§. 14.

Wenn es zum Spielen dergleichen Erhöhungen und Erniedrigungen kömmt, ſo ergiebt es ſich, daß ſie oft auf die leeren Seyten fallen: wo die auf die leeren Seyten zu ſtehen kommenden Noten allezeit mit dem vierten Finger auf der nächſten tiefern Seyte müſſen gegriffen werden. Abſonderlich wenn es eine Erniedrigung iſt. Z. E.

* Auf der A Seyte mit
dem vierten Finger.

Auf der D Seyte mit
dem vierten Finger.

Wenn ein ✕ vorſtehet _____ kann man zwar die Note auf der nämlichen Seyte mit dem erſten _____ Finger nehmen: Es iſt aber allezeit beſſer wenn man ſie _____ mit Ausſtreckung des vierten Fingers, auf der nebenſtehenden tiefern Seyte greift.

§. 15.

Hier müſſen wir auch von demjenigen reden, was wir oben im erſten Abſchnitte dieſes erſten Hauptſtückes §. 14. angemerket haben. Das Intervall oder der Zwiſchenraum von (B ♮) bis (C) machet den natürlichen größern halben Ton: (Hemitonium majus naturale). Man pflegte demnach bisher, wenn ein (b) vorgezeichnet war, allezeit _____ b, c, zuſprechen; hingegen das natürliche (B) mit (H) zu benen= _____ nen Z. E. _____ a, h, c. und dieß geſchahe, um das mi von fa zu unterſcheiden: man _____ ſagte folglich, wenn ein ✕ dabey ſtund _____ His, Cis. Ich ſehe aber gar nicht, warum man bey dem na= _____ türlichen (B) nicht ganz natürlich (B) ſagen, und warum man _____ das durch das (b) erniedrigte nicht ein Bes, das durchs (✕) erhöhete hingegen nicht ein Bis nennen ſollte.

§. 16.

Unter den muſikaliſchen Zeichen iſt kein geringes das Verbindungszeichen: Obwohl es von manchen oft ſehr wenig beobachtet wird. Es hat die Geſtalt

Geſtalt eines halben Cirkels, welcher über oder unter die Noten gezogen wird. Die Noten welche unter oder ober ſolchem Cirkel ſtehen, es ſeyn hernach 2, 3, 4, oder auch noch mehr, werden alle in einem Bogenſtriche zuſammen genommen, und nicht abgeſondert, ſondern ohne Aufheben oder Nachdrucke des Geigebogens in einem Zuge aneinander geſchleifet. Z. E.

§. 17.

Es werden auch unter dem Cirkel, oder, wenn der Cirkel unter den Noten ſtehet, über demſelben, unter die Noten oder über die Noten oft Puncte geſetzet. Dieſes zeiget an, daß die unter dem Verbindungszeichen ſtehenden Noten nicht nur in einem Bogenſtriche, ſondern mit einem bey ieder Note angebrachten wenigen Nachdruck in etwas von einander unterſchieden müſſen vorgetragen werden. Z. E.

Sind aber anſtatt der Puncte kleine Striche geſetzet; ſo wird, bey ieder Note der Bogen aufgehoben; folglich müſſen alle die unter dem Verbindungszeichen ſtehenden Noten zwar an einem Bogenſtriche, doch gänzlich von einander getrennet abgeſpielet werden. Z. E.

Die erſte Note dieſes Exempels kömmt in den Herabſtriche; die übrigen drey aber werden mit iedesmaliger Erhebung des Bogens und mit einem ſtarken Abſtoß von einander abgeſondert im Hinaufſtriche geſpielet, u. ſ. f. (b).

F 2 §. 18.

(b) Viele Herren Componiſten ſetzen dergleichen Zeichen gemeiniglich nur bey dem erſten Tacte, wenn viele ſolche gleiche Noten folgen: man muß alſo ſo lang damit fortfahren, bis eine Veränderung angezeiget wird.

$. 18.

Dieſes Verbindungszeichen wird auch nicht ſelten über die letzte Note des einen, und über die erſte Note des andern Tactes gezogen. Sind die beyden Noten im Tone unterſchieden; ſo werden ſie nach der erſt im 16. §. gegebenen Regel zuſammen gezogen: ſind ſie aber in einem Tone; ſo werden ſie ſo zuſammen gehalten, als wenn es eine Note wäre. Z. E.

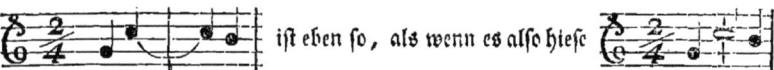

iſt eben ſo, als wenn es alſo hieſe

Das erſte Viertheil des zweyten Tactes wird zwar anfangs durch den Nachdruck des Bogens, ohne iedoch denſelben aufzuheben, von dem letzten Viertheile des erſten Tactes in etwas unterſchieden, und vernehmlich gemacht; welches nur geſchieht, um ſich genauer im Tacte zu halten. Wenn man aber einmal im Tempo ſicher iſt; dann muß die zwote Note, welche an die erſte gehalten wird, nimmer durch einen Nachdruck unterſchieden, ſondern nur ſo ausgehalten werden, wie man eine halbe Note zu ſpielen pfleget (i). Man mag es nun auf eine oder die andere Art abgeigen, ſo muß man allezeit bedacht ſeyn die zwote Note nicht zu kurz auszuhalten: denn dieß iſt ein gewöhnlicher Fehler, durch welchen das Zeitmaas aus ſeiner Gleichheit gebracht wird, und in das geſchwinde verfällt.

$. 19.

Wenn ein halber Cirkel über einer Note allein ſtehet die über ſich einen Punct hat: ſo iſt es ein Zeichen des Aushaltens. Z. E.

Ein

(i) Es iſt übel genug, daß es Leute giebt, die ſich auf ihre Kunſt ſehr viel einbilden, und doch keine halbe Note, ja faſt keine Viertheilnote abſpielen können, ohne ſie in zweene Theile zu zertheilen. Wenn man zwo Noten haben wollte, würde man ſie ohnfehlbar hinſetzen. Solche Noten müſſen ſtark angegriffen, und durch eine ſich nach und nach verlierende Stille ohne Nachdruck ausgehalten werden. Wie der Klang einer Glocke, wenn ſie ſcharf angeſchlagen wird, ſich nach und nach verlieret.

Ein solches Aushalten wird zwar nach Gutdünken gemacht: doch muß es nicht zu kurz und nicht zu lang, sondern mit guter Beurtheilung geschehen. Alle die Mitspielenden müssen einander beobachten: um sowohl die Aushaltung zugleich mit einander zu enden; als auch um wieder gleichförmig anzufangen. Es ist hierbey sonderbar zu merken, daß man den Ton der Instrumente recht austönen und verrauschen lasse, ehe man wieder zu spielen anfängt; auch daß man dahin sehe, ob alle Stimmen zugleich, oder ob eine nach der andern wieder eintrette: welches man aus den Sospiren, und aus der Bewegung des Anführers, auf den man allezeit die Augen wenden muß, erkennen kann. Wenn aber dieses Zeichen (welches die Italiäner la Corona nennen) über oder unter einer Sospir und Pause stehet; so wird bey der Sospir etwas mehr, als es die Ausrechnung im Tacte erfordert, stillgeschwiegen: hingegen wird eine Pause, über welcher man dieses Zeichen siehet, nicht so lang ausgehalten; sondern manchmal so vorbeygegangen, als wenn sie fast nicht zugegen wäre. Z. E.

Hier wird länger stillgehalten.

Diese Pause wird nicht ausgehalten.

Man sehe fleißig auf den Capellmeister, der den Tact schlägt, oder auf den Anführer: denn dergleichen Sachen kommen auf den guten Geschmack und eine richtige Beurtheilungskraft an.

§. 20.

Manchesmal setzet der Componist einige Noten, deren er jede mit ihrem eigenen Striche recht abgestoßen, und eine von der andern abgesondert vorgetra=

gen

gen wiſſen will. In dieſem Falle zeiget er ſeine Vortragsmeinung durch kleine
Striche an, die er über oder unter die Noten ſetzet: 3. E.

§. 21.

Man ſiehet oft in muſikaliſchen Stücken über ein und andere Note den
kleinen Buchſtaben (t.) oder auch (tr.) geſetzet.   Dieſes zeiget einen Triller an.
3. E.

Was aber ein Triller iſt, wird an ſeinem Orte weitläuftig abgehandelt werden.

§. 22.

Jeden Tact ſowohl als die muſikaliſchen Stücke ſelbſt in Ordnung zu bringen und einzutheilen, bedienet man ſich verſchiedener Striche.   Jeden Tact unterſcheidet ein Strich, wie ſchon §. 4. geſagt worden; den man den Tactſtrich nennet: Die Stücke ſelbſt aber werden mehrentheils in zweene Theile getheilet, und,
wo die Theilung angebracht wird, mit zweenen Strichen bemerket, die beyderſeits
Puncte, oder kleine Nebenſtriche haben. 3. E.   :||: oder ⋛||⋚   Hierdurch
will man anzeigen, daß ieder Theil ſoll wiederholet werden.   Wenn aber nur ein
oder der andere Tact zu wiederholen iſt; ſo wird es alſo angezeiget:

Was immer zwiſchen ſolchen Strichen eingeſchloſſen iſt, wird noch einmal wiederholet.

§. 23.

Die kleinen Noten, welche man, ſonderheitlich bey der heutigen Muſik,
immer vor den gewöhnlichen Noten ſiehet, ſind die ſogenannten Vorſchläge
(Appo-

(Appogiature) die nicht zum Tacte gerechnet werden. Sie ſind, wenn ſie am rechten Orte angebracht werden, unſtreitig eine der erſten muſikaliſchen Zieraten, folglich niemal auſſer Acht zu laſſen. Wir werden ſie beſonders abhandeln. Sie ſehen alſo aus:

§. 24.

In dem erſt geſehenen Exempel ſind anfangs nur zwo Sechzehntheilnoten, folglich nur ein halbes Viertheil; und dennoch folgt ein Tactſtrich. Dieß heißt man den Aufſtreich, welcher gleichſam den Eingang in die darauf folgende Melodie machet. Dieſer Aufſtreich hat oft 3, 4, und auch noch mehrere Noten. Z. E.

§. 25.

Wenn es in der Muſik recht Cromatiſch (k) zugehet, ſo kömmt auch oft auf eine nach der Tonart ſchon mit einem (✕) verſehene Note noch ein Dieſis, welches auch alſo (✚) oder auch' ſo (✕) angezeiget wird. Folglich muß die

---

(k) Nachdem die verſchiedenen Tongeſchlechte der Alten abgeändert worden, ſo hat man nur zwo Gattungen erwählet: Das natürliche nämlich, Genus Diatonicum ſo in ſeinem Gebiethe weder ✕ noch b leidet; und das mit (✕) und (b) vermiſchte oder Genus Cromaticum.

die durch das gewöhnliche (✕) ſchon vorhin erhöhte Note nochmals um einen halben Ton erhöhet werden. Z. E.

Hier iſt das doppelte (✕) im fis, welches, nachdem die vielen Subſemito-
nien, folglich die vielen gebrochenen Claviere zur Bequemlichkeit der Cembali-
ſten aufgehoben und die Temperatur erfunden worden, itzt das natürliche (G)
iſt. Mann nimmt aber nicht den dritten Finger, ſondern man rücket ordentlich
den zweyten vor (*l*). Eben dieß geſchieht bey der doppelten Erniedrigung einer Note, welche durch kein beſonderes Zeichen, ſondern nur durch zwey (bb)
oder ein groſſes (♭) angezeiget wird. Denn man nimmt auch keinen andern
Finger, als den, welcher ohnehin auf dieſelbe Note fällt.

§. 26.

An dem Ende faſt ieder muſikaliſchen Zeile ſieht man dieſes Zeichen ( ),
welches der Cuſtos Muſikus genennet und nur hingeſetzet wird die erſte Note
der folgenden Zeile anzumerken, und hierdurch, ſonderbar in geſchwinden Stücken, dem Auge einigermaſſen zu Hülfe zu kommen.

§. 27.

Ueber alle hier ſchon beygebrachte muſikaliſche Zeichen, giebt es noch viele
Kunſtwörter, die ein Stück nach ſeinem rechten Zeitmaaſe vorzutragen, und
die Leidenſchaften nach des rechtſchaffenen Componiſten Sinne auszudrücken unentbehrlich ſind. Die Ordnung derſelben mag folgende ſeyn.

Muſika-

(*l*) Wenn man itzt, da die gebrochnen Claviere auf der Orgel aufgehoben ſind, alle
Quinten rein ſtimmet; ſo giebt es bey der Fortſchreitung durch die übrigen Töne
eine unerträgliche Diſſonanze. Man muß demnach temperiren, das iſt: man
muß einer Conſonanze etwas nehmen, der andern aber etwas beylegen; man
muß ſie ſo eintheilen und die Töne ſo gegeneinander ſchweben laſſen, daß ſie
alle dem Gehör erträglich werden. Und dieß heißt man die Temperatur. Es
wäre zu weitläuftig alle die mathematiſchen Bemühungen vieler gelehrten Männer hier anzuführen. Man leſe den Sauver, den Bümler, Henfling, Werkmeiſter
und Neidhardt.

Muſikaliſche Kunſtwörter. (m)

Preſtiſſimo, (*Preſtiſſimo.*) zeiget das geſchwindeſte Tempo an, und iſt Preſto aſſai (*Preſto aſſai.*) faſt eben dieß. Zu dieſem ſehr geſchwinden Zeit-maaſe wird ein leichter und etwas kurzer Bogenſtrich erfordert.

Preſto, (*Preſto.*) heißt geſchwind, und das Allegro aſſai, (*Allegro aſſai.*) iſt wenig davon unterſchieden.

Molto Allegro, (*Molto Allegro.*) iſt etwas weniger als Allegro aſſai, doch iſt es noch geſchwinder als

Allegro, (*Allegro.*) welches zwar ein luſtiges, doch ein nicht übereiltes Tempo anzeiget; ſonderbar wenn es durch Beywörter und Nebenwörter gemäſſi-get wird, als da ſind:

Allegro, ma non tanto, oder non troppo, oder moderato, (*Al-legro, mà non tanto, oder non troppo, oder moderato.*) welches eben ſagen will, daß man es nicht übertreiben ſolle. Hierzu wird ein zwar leichter und lebhafter, iedoch ſchon mehr ernſthafter und nimmer ſo kurzer Strich erfordert, als bey dem geſchwindeſten Tempo.

Allegretto, (*Allegretto.*) iſt etwas langſamer als Allegro, (*Allegro.*) hat gemeiniglich etwas angenehmes, etwas artiges und ſcherzhaftes, und vieles mit dem Andante (*Andante.*) gemein. Es muß alſo artig, tändelend, und ſcherzhaft vorgetragen werden: welches artige und ſcherzhafte man ſowohl bey dieſem als bey anderem Tempo durch das Wort Guſtoſo (*Guſtoſo.*) deutlicher zu erkennen giebt.

Vivace (*Vivace.*) heißt lebhaft, und Spiritoſo (*Spiritoſo.*) will ſagen, daß man mit Verſtand und Geiſt ſpielen ſolle, und Animoſo (*Animo-ſo.*) iſt faſt eben dieß. Alle drey Gattungen ſind das Mittel zwiſchen dem Geſchwinden und Langſamen, welches uns das muſikaliſche Stück, bey dem dieſe Wörter ſtehen, ſelbſt mehrers zeigen muß.

Mode-

(m) Termini Technici. Man ſollte freylich ſich durchaus ſeiner Mutterſprache bedienen und man könnte ſo gut langſam als Adagio auf ein muſikaliſches Stücke ſchrei-ben: allein ſoll denn ich der erſte ſeyn?

Moderato, gemäßiget, (*Moderato.*) beſcheiden; nicht zu geſchwind und nicht zu langſam. Eben dieß weiſet uns an das Stück ſelbſt, aus deſſen Fortgange wir die Mäßigung erkennen müſſen.

Das Tempo Commodo, und Tempo giuſto, (*Tempo Commodo* und *Tempo giuſto.*) führen uns ebenfalls auf das Stück ſelbſt zurück. Sie ſagen uns daß wir das Stück weder zu geſchwind weder zu langſam, ſondern in dem eigentlichen, gelegenen und natürlichen Tempo ſpielen ſollen. Wir müſſen alſo den wahren Gang eines ſolchen Stückes in dem Stücke ſelbſt ſuchen: wie oben im zweyten Abſchnitte dieſes Hauptſtücks ſchon iſt geſagt worden.

Soſtenuto (*Soſtenuto.*) heißt aushalten, oder vielmehr zurückhalten und den Geſang nicht übertreiben. Man muß ſich alſo in ſolchem Falle eines ernſthaften, langen und anhaltenden Bogenſtrichs bedienen, und den Geſang wohl aneinander hängen.

Maeſtoſo, (*Maeſtoſo.*) mit Majeſtät, bedachtſam, nicht übereilet.

Stoccato oder Staccato, (*Stoccato* oder *Staccato.*) geſtoſſen, zeigt an, daß man die Noten wohl von einander abſondern und mit einem kurzen Bogenſtriche ohne Ziehen vortragen ſolle.

Andante, (*Andante.*) gehend. Dieß fort ſagt uns ſchon ſelbſt, daß man dem Stücke ſeinen natürlichen Gang laſſen müſſe; ſonderheitlich wenn ma un pocco Allegretto, (*ma un pocco Allegretto.*) dabey ſtehet.

Lente oder Lentemente, (*Lente, Lentemente.*) ganz gemächlich.

Adagio, (*Adagio.*) langſam.

Adagio peſante, (*Adagio peſante.*) ein ſchwermütiges Adagio. muß etwas langſamer, und zurückhaltend geſpielet werden.

Largo, (*Largo.*) ein noch langſameres Tempo, wird mit langen Bogenſtrichen und mit vieler Gelaſſenheit abgeſpielet.

Grave, (*Grave.*) ſchwermütig und ernſthaft, folglich recht ſehr langſam. Man muß auch in der That durch einen langen, etwas ſchweren und ernſthaften Bogenſtrich, und durch das beſtändige Anhalten und Unterhalten der unter einander abwechſelnden Töne den Caracter eines Stückes ausdrücken, welchem das Wort Grave, (*Grave.*) vorgeſetzet iſt.

Zu

Zu den langſamen Stücken werden auch noch andere Wörter den itzt er-
klärten beygefüget, um die Meinung des Componiſten noch mehr an Tag zu
legen; als da ſind:

Cantabile, Singbar. (*Cantabile.*) Das iſt: Man ſolle ſich eines
ſingbaren Vortrags befleiſſigen; man ſoll natürlich, nicht zu viel gekünſtelt und
alſo ſpielen, daß man mit dem Inſtrumente, ſo viel es immer möglich iſt, die
Singkunſt nachahme. Und dieß iſt das ſchönſte in der Muſik (*n*).

Arioſo, (*Arioſo.*) gleich einer Arie. Es will eben das ſagen, was
Cantabile ſaget.

Amabile, Dolce, Soave, (*Amabile, Dolce, Soave.*) verlangen alle
einen angenehmen, ſüſſen, lieblichen und gelinden Vortrag: wobey man
die Stimme mäßigen, und nicht mit dem Bogen reiſſen; ſondern mit gelinder
Abwechſelung des Schwachen und Halbſtarken dem Stücke die gehörige Zierde
geben muß.

Meſto, (*Meſto.*) betrübt. Dieß Wort erinnert uns, daß wir uns
bey Abſpielung des Stückes in den Affect der Betrübniß ſetzen ſollen, um die
Traurigkeit, welche der Componiſt in dem Stücke auszudrücken ſucht, bey den
Zuhörern zu erregen.

Affettuoſo, (*Affettuoſo.*) mit Affect, will, daß wir den Affect, der
in dem Stücke ſtecket, auffuchen, und folglich alles beweglich, eindringend und
rührend abſpielen ſollen.

Piano (*Piano.*) heißt ſtill; und **Forte,** (*Forte.*) Laut oder Stark.

Mezzo (*Mezzo.*) heißt halb, und wird zur Mäßigung des Forte und
Piano gebrauchet. Nämlich **Mezzo forte,** (*Mezzo forte.*) halb ſtark
oder laut; **Mezzo piano,** (*Mezzo piano.*) halb ſchwach oder ſtill.

G 2 Piu

(*n*) Manche meynen was ſie wunderſchönes auf die Welt bringen, wenn ſie in einem
Adagio Cantabile die Noten rechtſchaffen verkräuſeln, und aus einer Note ein
paar dutzend machen. Solche Notenwürger legen dadurch ihre ſchlechte Beurtheilungskraft zu Tage, und zittern, wenn ſie eine lange Note aushalten oder
nur ein paar Noten ſingbar abſpielen ſollten, ohne ihre gewöhnlichen und un-
geſchickten Verzierungen anzubringen.

Piu (*Piu*.) heißt mehr. Daß also Piu forte (*Piu forte*.) eine mehrere Stärke; Piu piano (*Piu piano*.) eine mehrere Schwäche anzeigen.

Crescendo, (*Crescendo*.) wachsend, will uns sagen, daß wir bey der Folge der Noten, bey welchen dieses Wort stehet, mit der Stärke des Tones immer anwachsen sollen.

Decrescendo, (*Decrescendo*.) hingegen zeiget an, daß sich die Stärke des Tones immer mehr und mehr verliehren solle.

Wenn Pizzicato, (*Pizzicato*.) vor einem Stücke oder auch nur bey einigen Noten stehet; so wird solches Stücke durchaus, oder dieselben Noten, ohne dem Gebrauche des Geigebogens abgespielet. Es werden nämlich die Seyten mit dem Zeigefinger, oder auch mit dem Daume der rechten Hand geschnellet, oder, wie einige zu sprechen pflegen, gekneipet. Man muß aber die Seyte, wenn man sie schnellet, niemals unten; sondern allezeit nach der Seite fassen: sonst schlägt sie bey dem Zurückprellen auf das Griffbrett und schnarret oder verliehret gleich den Ton. Den Daume soll man gegen dem Sattel an das Ende des Griffbretts setzen und mit der Spitze des Zeigefingers die Seyten schnellen, auch den Daume nur alsdann dazu brauchen, wenn man ganze Accorde zusammen nehmen muß. Viele kneipen allezeit mit dem Daume; doch ist hierzu der Zeigefinger besser: weil der Daume durch das viele Fleisch den Ton der Seyten dämpfet. Man mache nur selbst die Probe.

Col Arco, (*Col Arco*.) heißt mit dem Bogen. Es erinneret, daß man sich des Bogens wieder bedienen solle.

Da Capo, (*Da Capo*.) vom Anfange, zeiget an, daß man das Stück vom Anfange wiederholen müsse. Wenn aber

Dal Segno (*Dal Segno*.) dabey stehet; das ist, von dem Zeichen: so wird man auch ein Zeichen beygesetzet finden, welches uns an den Ort führet, wo man die Wiederholung anfangen muß.

Die zweene Buchstaben *V. s.* Vertatur Subito (*Vertatur Subito*.) oder auch nur das Wort Volti (*Volti*.) stehen gemeiniglich am Ende eines Blatts, und es heißt: Man wende das Blatt geschwind nach der andern Seite.

Con

Con Sordini, (*Con Sordini.*) mit Dämpfern. Das iſt: Wenn die-
ſe Wörter bey einem Muſikſtücke geſchrieben ſtehen, ſo müſſen gewiſſe kleine Aufſätzel, die von Holz, Bley, Blech, Stahl oder Meßing gemacht ſind, auf
den Sattel der Geige geſtecket werden, um hierdurch etwas ſtilles und trauri-
ges beſſer auszudrücken. Dieſe Aufſätzel dämpfen den Ton: man nennet ſie
deßwegen auch Dämpfer, am gemeinſten aber Sordini vom lateiniſchen Sur-
dus, oder italiäniſchen Sordo, betäubt. Man thut ſehr gut, wenn man bey
dem Gebrauche der Sordini ſich ſonderbar hütet die leeren Seyten zu nehmen:
denn ſie ſchreien gegen den Gegriffenen zu ſehr, und verurſachen folglich eine
merkliche Ungleichheit des Klanges.

Aus allen den itzt erklärtern Kunſtwörtern ſiehet man Sonnenklar, daß alle
Bemühung dahin gehet, den Spielenden in denjenigen Affect zu ſetzen, welcher
in dem Stücke ſelbſt herrſchet: um hierdurch in die Gemüther der Zuhörer zu
dringen und ihre Leidenſchaften zu erregen. Man muß alſo, bevor man zu
ſpielen anfängt, ſich wohl um alles umſehen, was immer zu dem
vernünftigen und richtigen Vortrage eines wohlgeſetzten
muſikaliſchen Stückes nothwendig iſt.

Das

Das zweyte Hauptstück.

Wie der Violinist die Geige halten, und den Bogen führen solle.

§. 1.

Wenn der Meister nach genauer Ausfrage findet, daß der Schüler alles itzt Abgehandelte wohl begriffen und dem Gedächtnisse recht eingepräget hat: alsdann muß er ihm die Geige (welche etwas stark bezogen seyn solle) in die linke Hand richten. Es sind aber hauptsächlich zweyerley Arten die Violin zu halten; welche, weil man sie mit Worten kaum genug erklären kann, zu mehrerem Begriffe in Abbildungen hier vorgestellet sind.

§. 2.

Die erste Art die Violin zu halten, hat etwas angenehmes und sehr gelassenes. Fig. I. Es wird nämlich die Geige ganz ungezwungen an der Höhe der Brust seitwärts, und so gehalten: daß die Striche des Bogens mehr in die Höhe als nach der Seite gehen. Diese Stellung ist ohne Zweifel in den Augen der Zuseher ungezwungen und angenehm; vor den Spielenden aber etwas schwer und ungelegen; weil, bey schneller Bewegung der Hand in die Höhe, die Geige keinen Halt hat, folglich nothwendig entfallen muß; wenn nicht durch eine lange Uebung der Vortheil, selbe zwischen dem Daume und Zeigefinger zu halten, eroberet wird.

§ 3.

Die zwote ist eine bequeme Art. Fig. II. Es wird nämlich die Violin so an den Hals gesetzet, daß sie am vordersten Theile der Achsel etwas auflieget, und jene Seite, auf welcher das (E) oder die kleinste Seyte ist, unter das Kinn kömmt: dadurch die Violin, auch bey der stärksten Bewegung der hinauf und herab gehenden Hand, an seinem Orte allezeit unverrückt bleibet.

Fig. II.da

bet. Man muß aber hierbey iederzeit den rechten Arm des Schülers beobachten: damit der Ellenbogen bey Führung des Striches nicht zu sehr in die Höhe komme; sondern immer etwas nahe, doch ungezwungen, zum Leibe gehalten werde. Man besehe den Fehler in der Abbildung Fig. III. Man kann diesem Fehler vorbeugen, wenn man den Theil der Violin, wo die (E) Seyte liegt etwas mehr gegen die Brust herein wendet, um zu verhindern, daß der rechte Arm, wenn auf der (G) Seyte zu spielen ist, sich nicht zu sehr erheben muß.

§. 4.

Der Griff, oder vielmehr der Hals der Violin muß nicht gleich einem Stück Holz in die ganze Hand hineingelegt, sondern zwischen den Daumen und Zeigefinger also genommen werden, daß er an einer Seite an dem Ballen unter dem Zeigefinger, an der andern Seite an den obern Theil des Daumengliedes anstehe, die Haut aber, welche in der Fuge der Hand den Daumen und Zeigefinger zusammen hänget, keinesweges berühre. Der Daume muß nicht zu viel über das Griffbrett hervorstehen: sonst hindert er im Spielen, und benimmt der (G) Seyte den Klang. Er muß auch mehr vorwärts gegen den zweyten und dritten Finger, als zurück gegen dem ersten gehalten werden; weil dadurch die Hand sich auszudehnen mehr Freyheit erlanget. Man versuche es nur: und der Daume wird gemeiniglich den zweyten Finger, wenn er (F) oder (Fis) auf der (D) Seyte greift, gegenüber zu stehen kommen. Der hintere Theil der Hand (nämlich gegen dem Arm) muß frey bleiben, und die Violin nicht darauf liegen: denn hiedurch würden die Nerven, welche den Arm und die Finger zusammen verbinden, an einander gerücket, folglich gesperret, und der dritte und vierte Finger sich auszustrecken gehindert. Wir sehen täglich die Beyspiele an solchen plumpen Spielern, bey denen alles schwermüthig läßt; weil sie sich durch ungeschickte Haltung der Violin und des Geigebogens selbst einschränken. Um nun diesem Uebel vorzubeugen, so bediene man sich des folgenden Vortheiles. Man setze den ersten Finger auf das (f) der (E) Seyte, den zweyten auf das (c) der (A) Seyte, den dritten auf das (g) der (D) Seyte, und den vierten oder kleinen Finger auf das (d) der (G) Seyte, doch so, daß keiner aufgehoben werde, bis nicht alle vier Finger richtig, und zugleich auf dem vorgeschriebenen Platze stehen. Man bemühe sich alsdann bald den ersten, bald den dritten, bald den zweyten bald den vierten aufzuheben und gleich wieder nieder zu stellen; doch ohne ne die andern drey von ihrem Orte wegzulaſſen. Man hebe aber den Finger nur ſo viel auf, daß er die Seyte nicht berühre: und man wird ſehen, daß dieſe Uebung der kürzeſte Weg iſt die wahre Stellung der Hand zu erlernen, und daß man hieburch zu einer ungemeinen Fertigkeit gelanget ſeiner Zeit die Doppelgriffe rein vorzutragen.

§. 5.

Der Bogen wird an ſeinem unterſten Theile, nicht zu weit von der unten angebrachten Nuſſe, in die rechte Hand zwiſchen den Daumen und zwiſchen oder auch ein wenig hinter das mittlere Glied des Zeigefingers, doch nicht ſteif, ſondern leicht und ungezwungen genommen. Man ſehe es in der Abbildung. Fig IV. Und obgleich der erſte Finger bey der Verſtärkung und Verminde: rung des Tones das meiſte thun muß; ſo ſoll doch auch der kleine Finger al: lezeit auf dem Bogen liegen bleiben: weil er zur Mäſſigung des Bogenſtriches durch das Anhalten und Nachlaſſen vieles beyträgt. Sowohl die, welche den Bogen mit dem erſten Gliede des Zeigefingers halten, als jene, welche den klei: nen Finger vom Bogen weglaſſen, werden finden, daß die oben vorgeſchriebe: ne Art weit vorträglicher ſey einen rechtſchaffenen und mannbaren Ton aus der Violin herauszubringen; wenn ſie anders es zu verſuchen nicht zu eigenſinnig ſind. Man muß aber auch den erſten, nämlich den Zeigefinger nicht zu ſehr auf dem Bogen ausſtrecken, und von den übrigen entfernen. Man mag als: dann den Bogen mit dem erſten oder zweyten Gliede des Zeigefingers halten; ſo iſt die Ausſtreckung des Zeigefingers allezeit ein Hauptfehler. Denn dadurch wird die Hand ſteif: weil die Nerven angeſpannet ſind. Und der Bogenſtrich wird ſchwermüthig, plump, ja recht ungeſchickt: da er mit dem ganzen Arme gemacht wird. Man ſiehet dieſen Fehler in der Abbildung Fig. V.

§. 6.

Wenn nun der Schüler auch dieſes recht verſtehet: ſo mag er die im er: ſten Abſchnitte des erſten Hauptſtück's §. 14. eingerückte Muſikleiter oder A, b, c, unter beſtändiger Beobachtung der folgenden Regeln abzuſpielen den Anfang machen.

Erſtens, muß die Geige nicht zu hoch aber auch nicht zu nieder gehalten werden. Das Mittel iſt das Beſte. Man halte demnach die Schnecke der
Violin

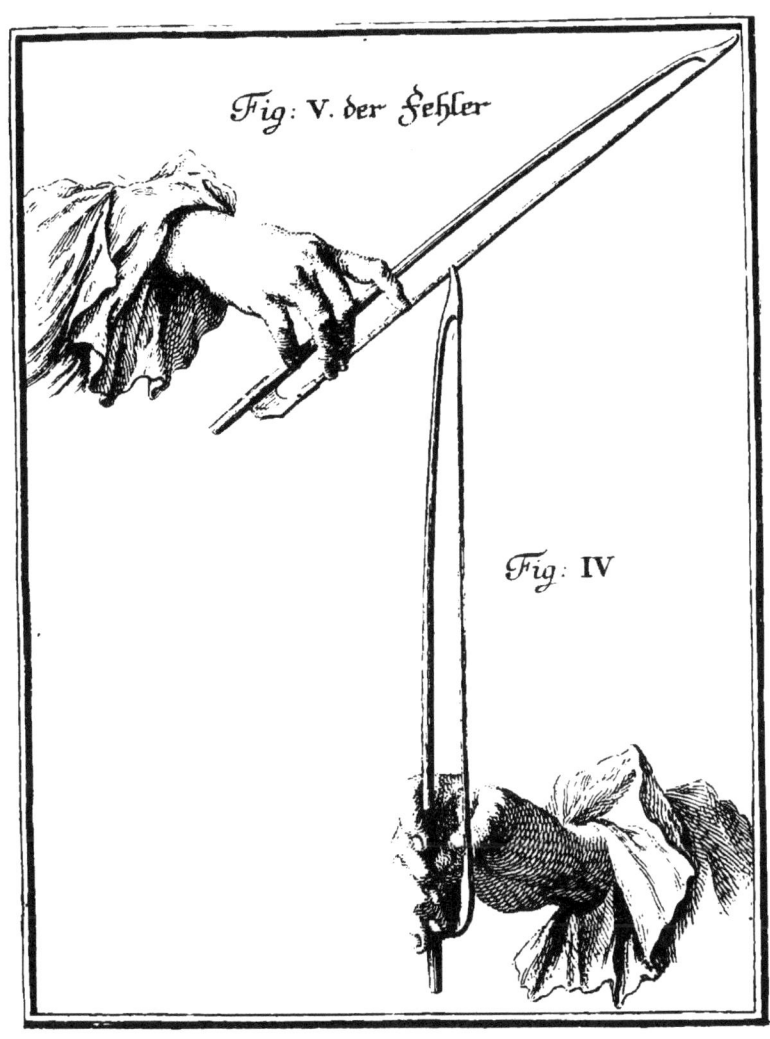

Fig: V. der Fehler

Fig: IV

Violin dem Mund, oder höchstens den Augen gleich: man lasse sie aber auch nicht tiefer sinken, als so, daß die Schnecke der Brust gleich komme. Hierzu trägt vieles bey, wenn man die Noten, so man abspielen will, nicht zu nieder hinleget; sondern etwas erhöhet vor das Angesicht bringet, damit man sich nicht niederbiegen, sondern vielmehr den Leib gerad halten muß.

Zweytens, bringe man den Bogen mehr gerad als nach der Seite auf die Violin: denn hierdurch erhält man mehr Stärke, und biegt dem Fehler vor, den einige haben, welche so sehr mit dem Bogen nach der Seite kommen, daß sie, wenn sie ein wenig nachdrücken, mehr mit dem Holze als mit den Pferd-haaren geigen.

Drittens, muß der Strich nicht mit dem ganzen Arme geführet werden. Man bewege das Achselglied wenig, den Ellenbogen stärker, das Glied der Hand aber natürlich, und ungezwungen. (a) Ich sage: das Glied der Hand soll man natürlich bewegen. Ich verstehe hierdurch: ohne lächerliche und unnatürliche Krümmungen zu machen; ohne es gar zu sehr auswärts zu biegen, oder etwa gar steif zu halten: sondern man lasse die Hand sinken, wenn man den Bogen abwärts ziehet; bey dem Hinaufstriche aber biege man die Hand natürlich und ungezwungen, auch nicht mehr und nicht weniger, als es der Gang des Bogens erforderet. Uebrigens merke man sich, daß die Hand, ja vielmehr der Zeigefinger bey der Mäßigung des Tones das meiste thun muß.

Viertens, muß man sich gleich anfangs an einen langen, ohnabgesetz-ten, sanften und fliessenden Bogenstrich gewöhnen. Man muß nicht mit der Spitze des Bogens oder mit gewissen schnellen Strichen, die kaum die Seyte berühren, fortgeigen; sondern allezeit ernsthaft spielen.

Fünftens, muß der Schüler mit dem Bogen nicht bald hinauf an das Griffbrett, bald aber herunter an den Sattel oder gar nach der Queer geigen; sondern den Bogen an einem von dem Sattel nicht zu weit entfernten Orte in einer beständigen Gleichheit führen, und durch ein gemäßigtes Niederdrücken

und

(a) Will der Schüler den Ellebogen nicht biegen, und geigt folglich mit einem steifen Arm und starker Bewegung der Achsel; so stelle man ihn mit dem rechten Arm nahe an eine Wande: er wird, wenn er beym Herabstriche den Ellenbogen ge-gen die Wand stößt, solchen ganz gewiß biegen lernen.

und Auflassen den guten und reinen Ton suchen und mit Gedult zu erhalten sich befleissen.

Sechstens, müssen die Finger auf den Seyten nicht nach der Länge hingeleget, sondern die Glieder derselben erhöhet, die vordersten Theile der Finger aber stark niedergedrückt werden. Sind die Seyten nicht wohl niedergedrücket: so klingen sie nicht rein. Man erinnere sich immer des am Ende des §. 4. vorgeschriebenen Hilfsmittel; man sey nicht zu weichlich und lasse sich durch die kleine Empfindlichkeit, die diese Uebung anfangs wegen der Ausspannung der Nerven verursachet, nicht abschrecken.

Man merke sich Siebendens als eine Hauptregel, daß man die Finger, die einmal liegen, so lange unverrückt liegen lasse, bis man sie, durch die beständige Verwechselung der Noten, aufzuheben gezwungen wird; und dann lasse man sie gerade oder dem vormals gegriffenen Tone stehen. Man hüte sich einen oder mehr Finger in die Höhe zu strecken, oder beym Aufheben der Finger immer mit der Hand zusammen zurücken, und den kleinen oder noch mehr Finger unter den Hals der Violin zu stecken. Man halte vielmehr die Hand allezeit in einer beständigen Gleichheit und ieden Finger über seinem Tone: um hierdurch sowohl die Sicherheit im Greifen, als die Reinigkeit und Geschwindigkeit im Spielen zu erhalten.

Es muß Achtens die Geige unbeweglich gehalten werden. Dadurch verstehe ich: daß man die Violin nicht immer mit iedem Striche hin und her drehen, und sich dadurch bey den Zuschauern zum Gelächter machen solle. Ein vernünftiger Lehrmeister muß gleich anfangs auf alle dergleichen Fehler sehen, und allezeit die ganze Stellung des Anfängers wohl beobachten, damit er ihm auch nicht den kleinesten Fehler nachsiehet: denn nach und nach wird eine eiserne Gewohnheit daraus, die nicht mehr abzuziehen ist. Es giebt eine Menge solcher Unarten. Die gewöhnlichsten derselben sind das Bewegen der Violin; das hin und her Drehen des Leibes oder Kopfes; die Krümmung des Mundes oder das Rümpfen der Nase, sonderbar wenn etwas ein wenig schwer zu spielen ist; das Zischen, Pfeifen oder gar zu vernehmliche Schnauben mit dem Athem aus dem Munde, Halse oder Nase bey Abspielung einer oder der andern beschwerlichen Note; die gezwungenen und unnatürlichen Verdrehungen der rechten und linken Hand, sonderheitlich des Ellenbogens; und endlich die gewaltige Bewegung des ganzen Leibes, wodurch sich auch oft der Chor, oder das Zimmer wo man spielet erschüt=

erschüttert, und die Zuhörer bey dem Anblicke eines so mühsamen Holzhauers entweder zum Gelächter oder zum Mitleiden bewogen werden.

§. 7.

Wenn nun der Lehrling unter genauer Beobachtung der ist gegebenen Regeln die Musikleiter, oder das sogenannte musicalische A, b, c, abzuspielen angefangen hat; so muß er so lang damit fortfahren, bis er es rein und ohne allen Fehler weg zu geigen im Stande ist. Hier stecket wirklich der gröste Fehler, der sowohl von Meistern als Schülern begangen wird. Die erstern haben oft die Gedult nicht die Zeit abzuwarten; oder sie lassen sich von dem Discipel verführen, welcher alles gethan zu haben glaubet, wenn er nur bald ein paar Menuete herabkratzen kann. Ja vielmal wünschen die Eltern, oder andere des Anfängers Vorgesetzte nur bald ein dergleichen unzeitiges Tänzel zu hören, und glauben alsdann Wunder, wie gut das Lehrgeld verwendet worden. Allein, wie sehr betrügt man sich! Wer sich nicht gleich Anfangs die Lage der Töne durch öfteres Abspielen des A, b, c, rechtschaffen bekannt machet, und wer nicht durch fleißiges Abspielen der Musikleiter es dahin bringet, daß ihm die Ausdehnung und Zurückziehung der Finger so, wie es ieder Ton erfordert, schon so zu reden, natürlich kömmt, der wird allezeit in Gefahr laufen falsch und ungewiß zu greifen.

§. 8.

Will es etwa einem Anfänger nicht gleich recht angehen, die Violin auf die vorgeschriebene Art frey zu halten; denn alle sind nicht von gleicher Geschicklichkeit: so lasse man ihn die Schnecke der Violin an eine Wand halten; sonderbar, wenn er die Geige, ohne Forcht daß sie ihm entfalle, nicht anders als mit der ganzen Hand, und mit niedergedrückten Fingern halten kann. Man richte ihm die Hand nach der Vorschrift des §. 4. und 6., und in dieser Stellung lasse man ihn unter Beobachtung aller oben angeführten Regeln die Musikleiter abgeigen; man wiederhole diese Uebung wechselweise bald frey, bald an der Wand; man erinnere ihn öfter, daß er sich die Lage der Hand rechtschaffen einpräge, und fahre so lange fort, bis er es endlich frey abzuspielen im Stande ist.

§. 9.

Es lehret die Erfahrenheit, daß, weil der erste Finger natürlich immer vorwärts trachtet, der Anfänger anstatt des (F) fa oder puren (F) mit dem ersten

Fin

Finger auf der (E) Seyte allezeit das fis oder (F) mi nehmen will. Hat sichs nun der Schüler angewöhnet durch das Zurückziehen des ersten Fingers das natürliche (F) auf der (E) Seyte rein zu greifen: so wird er bey (B ♮) mit dem ersten Finger auf der (A) Seyte, und bey dem (E) mit dem ersten Finger auf der (D) Seyte aus Gewohnheit auch zurücke greifen wollen; da doch diese zween Töne, als die natürlich grösseren halbe Töne, auch höher müssen gegriffen werden. Der Lehrmeister muß demnach bey der Unterweisung sonderheitlich auf dergleichen Dinge sehen. Ja es wird nothwendig seyn, den Schüler so lang aus dem C Tone spielen zu lassen; bis er die in diesem Tone liegende natürlich grössere halben Töne und das pure (F) rein zu greifen weis: sonst wird man der einmal eingewurzelten Gewohnheit, ungewiß und falsch zu greifen, hart oder nimmermehr abhelfen.

§. 10.

Ich kann hier jene närrische Lehrart nicht unberührt lassen, die einige Lehrmeister bey der Unterweisung ihrer Lehrlinge vornehmen: wenn sie nämlich auf den Griff der Violin ihres Schülers die auf kleine Zettelchen hingeschriebene Buchstaben aufpichen, oder wohl gar an der Seite des Griffes den Ort eines ieden Tones mit einem starken Einschnitte oder wenigstens mit einem Riße bemerken. Hat der Schüler ein gutes musikalisches Gehör; so darf man sich nicht solcher Ausschweifungen bedienen: fehlet es ihm aber an diesem, so ist er zur Musik untauglich, und er wird besser eine Holzart als die Violin zur Hand nehmen.

§. 11.

Endlich muß ich noch erinneren, daß ein Anfänger allezeit ernstlich, mit allen Kräften, stark und laut geigen; niemals aber schwach und still spielen, noch weniger aber so gar mit der Violin unter dem Arme tändeln solle. Es ist wahr; anfangs beleidiget das rauhe Wesen eines starken und noch nicht gereinigten Striches die Ohren ungemein. Allein mit Zeit und Gedult wird sich das Rauhe des Klanges verliehren, und man wird auch bey der Stärke die Reinigkeit des Tones erhalten.

✠ ✠ ✠ ✠
✠ ✠ ✠

Das

Das dritte Hauptſtück.

Was der Schüler beobachten muß, bevor er zu ſpielen anfängt; ingleichem was man ihm anfangs zu ſpielen vorlegen ſolle.

§. 1.

Vor der Abſpielung eines muſikaliſchen Stückes hat man auf 3. Dinge zu ſehen: nämlich, auf die Tonart des Stückes; auf den Tact, und auf die Art der Bewegung die das Stück erfordert, folglich auf die beygeſetzten Kunſtwörter. Was der Tact iſt, und wie man aus der Wörtern, die bey einem Stücke ſtehen, die Art der Bewegung erkennen kann; beydes iſt ſchon im erſten Hauptſtücke geſagt worden. Nun müſſen wir auch von der Tonart reden.

§. 2.

In der heutigen Muſik ſind nur zwo Tonarten, die weiche und die harte (*a*). Man erkennet ſie an der Terze: die Terz aber iſt der dritte Ton von eben dem Grundtone, aus welchem das Stück gehet, oder in welchem Tone es geſetzet iſt. Die letzte Note eines Stückes zeiget gemeiniglich den Ton

H 3   des

(*a*) Einem Violiniſten wird dieſe meine Lehre von den Tonarten unfehlbar nützlicher ſeyn, als wenn ich ihm vieles von der Alten ihrem Dorius, Phryglus, Lydius, Mixolydius, Oeolius, Ionius, und, durch Hinzuſetzung des Hypo von noch andern ſolchen 6. Tonarten vorſchwätze. In der Kirche genieſſen ſie das Freyungsrecht; bey Hofe aber werden ſie nimmer gelitten. Und wenn gleich alle die heutigen Tongattungen nur aus der Tonleiter (C) Dur und (A) moll verſetzt zu ſeyn ſcheinen; ja wirklich durch Hinzuſetzung der (b) und (x) erſt gebildet werden: woher kömmt es denn, daß ein Stück, welches z. E. vom (F) ins (G) überſetzet wird, nimmer ſo angenehm läſt, und eine ganz andere Wirkung in dem Gemüthe der Zuhörer verurſachet? Und woher kömmt es denn, daß ein wohlgeübter Muſikus bey Anhörung einer Muſik augenblicklich den Ton derſelben anzugeben weis, wenn ſie nicht unterſchieden ſind?

des Stückes; die vor dem Stücke ausgesetzten (✕) oder (b) hingegen die Terz
des Tones an. Ist die Terz groß; so ist es die harte Tonart: ist aber die
Terz klein; so ist es die weiche. 3. E.

Hier sehen wir, daß dieses Exempel im (D) schliesset. (F) ist von dem (D)
der dritte Ton, folglich die Terz. Es ist aber das pure und natürliche (F),
denn wir sehen, daß kein Erhöhungszeichen vorausstehet: also gehet dieses Exempel aus der weichen Tonart, oder aus dem Molltone; weil es die kleinere
Terz hat.

Der Durton oder das harte Gesang hat die grössere Terz. 3. E.

Dieses Exempel schliesset abermal im (D); allein es ist vor dem Tactzeichen ein
Diesis im (F), und eins im (C) angebracht. Es ist also dieses Exempel in
der harten Tonart gesetzet: weil das (F) als die Terz vom (D) durch das
✕ erhöhet ist.

§. 3.

    Man muß aber auch wissen, daß es von ieder der zwo Tonarten 6. Gat-
tungen giebt; die aber nur der Höhe nach unterschieden sind. Denn iede harte Tonart hat vom Grundtöne gerechnet in ihrer Tonleiter folgende Intervallen: Die grosse Secund, die grosse Terz, die reine Quart und ordentliche Quint, und letztlich die grosse Sechst und Septime. Jeder Mollton
oder iede weiche Tonart hat in ihrer Tonleiter die grosse Secund und kleine
Terz, die richtige Quart, und reine Quint, die kleine Sechst und kleine Septime: obwohl man heut zu Tage besser im Aufsteigen die grosse
Sechst und grosse Septime, und nur im Herabsteigen die kleine Sechst
und kleine Septime braucht. Ja es macht oft eine weit angenehmere Harmonie, wenn man im Hinaufsteigen auch vor der grössern Septime die
kleinere Sechste nimmt. 3. E.

Soll

Soll denn dieß nicht besser klingen als folgendes? Und soll denn dieß vorhergehende nicht richtiger und natürlicher in den Mollton treiben, als das nachkommende?

Einer Singstimme kömmt ein solcher Gang freylich nicht natürlich. Allein alsdann richtet man die Melodie also ein: 3. E.

§. 4.

Die obenstehenden Intervallen eines Durtones liegen in der Tonleiter des C Dur schon natürlich; und die absteigenden Intervallen der weichen Tonart findet man in der diatonischen Scala des A moll: die übrigen Gattungen der Dur und Molltöne aber müssen erst durch (✳) und (b) gebildet werden. 3. E.

Hier

Hier liegen die Intervallen eines Durtones in der diatoniſchen Tonleiter.

Hier werden ſie durch die vorausgeſetzten (×) gebildet.   Und hier durchs (b).

Weil nun hieraus folget, daß man aus den neben dem Schlüſſel ſtehenden (×) oder (b), nebſt der Schlußnote, die Tonart eines ieden Stückes erkennen muß: ſo will ich hier die Bezeichnungen aller Gattungen der Moll und Durtöne herſetzen; wo in einem ganz engen Begriffe zwo gleich bezeichnete Tonarten unter einander zu ſehen ſind. Man wird aber wohl ſelbſt leicht begreifen, daß z. E. ein im (C) ſtehendes (×) durch alle (C) der hohen, mittleren und tiefen Octav, und ein im (H) ſtehendes (b) durch alle (H) der hohen, mittlern und tiefen Octav u. ſ. f. zu verſtehen iſt.

C Dur.   G Dur.

A moll.   E moll.

D Dur.   A Dur.

B oder H moll.   Fis moll.

E Dur

Der von einem Durtone um eine Terze abwärts stehende Ton ist also ein Mollton, und sind beede gleich bezeichnet. 3. E. Die letzte Tongattung hier ist (F) Dur; die Terz abwärts aber ist (D) moll, und beyde haben ein (b) im natürlichen (B) oder (H) vorgezeichnet um dadurch die nöthigen Intervallen und folglich die Tonart zu bilden.

§. 5.

Mancher glaubet ein Violinist wisse genug, wenn er die grosse und kleine Terz, und nur überhaupts die Quart, Quint, Sechst und Septime kennet, ohne den Unterscheid der Intervallen zu verstehen. Man sieht aus dem Vorhergehenden schon, daß es ihm sehr nützlich ist; kommet es aber einmal auf die Vorschläge und andere willführliche Auszierungen an, so siehet man auch die Nothwendigkeit. Ich will demnach alle die einfachen, grösseren und kleineren, wohl und übellautenden Intervallen hersetzen. Die auf der untern Zeile stehende Note soll den Grundton vorstellen, von welcher man nach der obern Note zählen muß.

Die

Dieſe

Diese heißt man die einfachen Intervallen. Gehet es nun immer höher, so heißt mans alsdann die zusammengesetzten Intervallen. Z. E. Die einmal zusammengesetzten Intervallen.

und also weiter fort. Und doch bleibt immer die grosse oder kleine Terz, die reine, verkleinerte und grosse Quart, u. s. f. wenn man gleich Decime und Undecime spricht. Ja wenn der Grundton tief ist, so kann man mit einer hohen Oberstimme 2, 3 und viermal zusammengesetzte Intervallen darauf bauen; die doch allezeit die Benennung der einfachen Intervallen behalten.

§. 6.

Damit nun ein Anfänger alle Intervallen sich recht bekannt mache und rein abzuspielen erlerne; so will ich ein paar Tonleitern zur Uebung hersetzen, deren eine durch die (b) die andere durch die (✕) führet (*b*).

G Sey:

(*b*) Auf dem Clavier sind Gis und As, Des und Cis, Fis und Ges, u. s.-f. eins. Das machet die Temperatur. Nach dem richtigen Verhältnisse aber sind alle die durch das

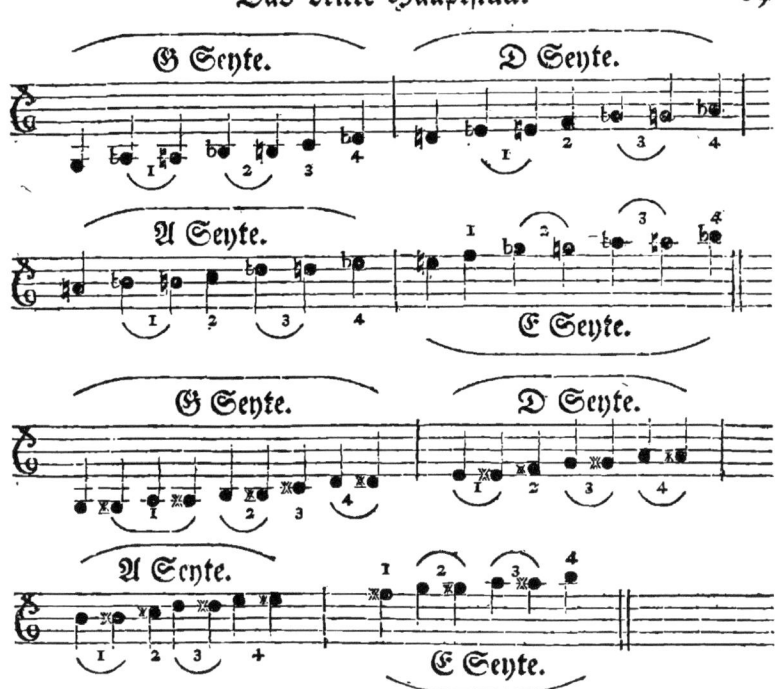

Oben sind die Seyten angemerkt; die Finger sind durch die Ziffern angezeiget;
die ungezeichneten Noten werden leer gespielet, und folglich bleibt nichts mehr
zu erklären übrig, als warum in der zwoten Tonleiter das D ✕, A ✕, und
E mit dem vierten Finger sollen gegriffen werden. Es ist wahr, einige nehmen
diese 3. Noten mit dem ersten Finger; und es läßt sich in langsamen Stücken
gar wohl thun. Aber in geschwinden Stücken, und sonderbar wenn die nächsten Noten (e) (h) oder (f) gleich darauf folgen, ist es gar nicht thunlich: weil

J 3   der

das (b) erniedrigten Töne um ein Komma höher als die durch das (✕) erhöh-
ten Noten. Z. E. Des ist höher als Cis; As höher als Gis, Ees höher als
Fis, u. s. w. Hier muß das gute Gehör Richter seyn: Und es wäre freilich gut,
wenn man die Lehrlinge zu dem Klangmässer (Monochordon) führete.

der erste Finger in solchem Falle gar zu geschwind gleich nacheinander kömmt. Man versuche es　Z. E.

Wer sieht nicht, daß es zu beschwerlich fällt im geschwinden Tempo den ersten Finger hier bey 3. Noten nacheinander zu brauchen? Man nehme also Dis, A ✕ und E ✕ mit dem vierten Finger auf der nebenstehenden tiefern Seyte.

Mit dem vierten Finger auf der G Seyte.	Mit dem vierten Finger auf der D Seyte.	Mit dem vierten Finger auf der A Seyte.

§. 7.

Ein Anfänger handelt sehr vernünftig, wenn er sich befleißiget auch das pure D, A und E öfter mit dem vierten Finger auf der nebenzu liegenden tiefern Seyte zu nehmen. Der Ton wird dadurch gleicher: denn die leeren Seyten schreien stärker als die Gegriffenen. Und der kleine Finger wird brauchbarer und geschickter, welchen man den übrigen Fingern gleich stark zu machen sich allezeit rechtschaffen bemühen soll. Man kann anfangs die leeren Seyten auch dazu streichen; um zu versuchen ob es rein klinget.

§. 8.

Wenn man nun alles, was itzt in diesem Hauptstücke gesaget worden, recht verstehet, so spiele man die ersten 5. Linien der im dritten Abschnitte des ersten Hauptstücks stehenden Tabelle; um in einem recht gleichen Zeitmaaße die richtige Eintheilung der halben Noten in Viertheile, der Viertheile in Achttheile, der Achttheile in Sechzehntheile, u. s. f. in die Uebung zu bringen. Alsdann wiederhole man die Lehre von dem Puncte in eben dem dritten Abschnitte des ersten Hauptstückes, und versuche öfter genau nach dem Tacte die achte und neunte Zeile der Tabelle abzuspielen. Endlich nehme man alle die in diesem Hauptstücke §. 4. angebrachten Tonleitern vor sich, und lerne sie rein und richtig abgeigen. Damit es aber ordentlicher und dem Begriffe leichter kömmt; so fange
man

man zwar bey (C Dur) und (A moll) an, und fahre durch die Tonleitern mit
dem Anwachs der Erhöhungszeichen bis auf 6 (✗) fort: hingegen nehme man
hernach auch die zuletzt stehenden zwo Tonleitern (F Dur) und (D moll) zum
Anfange der mit (b) vorgezeichneten Tonarten, und spiele herwärts durch die
immer sich vermehrenden Erniedrigungszeichen bis auf die 6 (b) zurück.

§. 9.

Zum Beschluße dieses Hauptstückes will ich noch ein kleines Exempel her=
setzen, welches man mit grossem Nutzen üben wird: weil viele Noten darinnen
sind, die zwar gleich nacheinander mit dem nämlichen Finger, aber nicht in
gleicher Höhe oder Tiefe, müssen abgespielet werden. Die Noten sind mit (✻)
bezeichnet: und man erinnere sich, was im vorhergehenden Hauptstücke §. 9.
gesagt worden.

Das

Das vierte Hauptstück.

Von der Ordnung des Hinaufstriches und Herabstriches.

§. 1.

Da die Melodie eine beständige Abwechselung und Vermischung nicht nur hoher und tiefer, sondern auch langer und kurzer Töne ist, die durch Noten ausgedrücket und in ein gewisses Zeitmaaß eingeschränket sind: so müssen nothwendig auch Regeln seyn, welche den Violinisten belehren, wie er den Geigebogen ordentlich und also führen solle; daß durch eine regelmässige Strichart die langen und kurzen Noten mit Leichtigkeit und Ordnung vorgetragen werden.

§. 2.

Wenn im gleichen Zeitmaase, als da sind der 4 und 2 Viertheiltact, auch gleiche Noten abzuspielen sind; so hat es keine Beschwerniß. Z. E.

Die erste Note wird mit dem Herabstriche, die zwote aber mit dem Hinaufstriche genommen; und so wird immer fortgefahren. (a)

§. 3.

(a) Ich ersuche nachdrücklich sich des zweyten Hauptstückes beständig zu erinnern, und alles langsam mit einem immer anhaltenden langen Bogenstriche zu spielen. Man vergesse auch nicht was ich allda §. 6. erinnert habe. Man lasse die Finger nach ieder Note liegen, bis man sie zu einem andern Tone nothwendig hat. Hier z. E. bleibt der zweyte Finger bey der halben Note (c) liegen, bis man die erste Note des zweyten Tactes (g) nehmen muß. Der dritte Finger im dritten Viertheile des zweyten Tactes (b) bleibt liegen, bis man im dritten Tacte die zweyte Note (c) nehmen muß, u. s. f. Wer dieses vernachläßiget, wird weder zur Reinigkeit, noch Fertigkeit im Spielen gelangen.

§. 3.

Es kann alſo die erſte und zwar eine Hauptregel ſeyn: Wenn ſich das erſte Viertheil eines Tactes mit keiner Sospir anfängt; es ſey im gleichen oder ungleichen Zeitmaaſe: ſo bemühe man ſich die erſte Note iedes Tactes mit dem Herabſtriche zu nehmen. Wenn auch gleich der Herabſtrich zweymal nach einander folgen ſollte. Z. E.

Man erhält durch dieſe Uebung die Fertigkeit den Bogen geſchwind zu ändern.

§. 4.

Bey dieſer erſten Regel macht nur das geſchwindeſte Tempo eine Ausnahme. Wie man aber den Strich einrichten muß, daß auf das erſte Viertheil eines ieden Tactes der Herabſtrich komme; wird die Folge der Regeln lehren. Eine ſolche Einrichtung des Bogenſtriches iſt um ſo nöthiger; weil im geraden oder Viervierteltacte das dritte Viertheil auch allezeit mit dem Herabſtriche muß genommen werden, wie wir in dem erſten Exempel ſchon geſehen haben. Hier iſt noch eins:

§. 5.

Nach ieder der drey folgenden Sospiren (♪) (♪) (♪) muß, wenn ſie am Anfange eines Viertheils ſtehen, der Hinaufſtrich gebraucht werden. Z. E.

Mozarts Violinſchule.   K   §. 6.

§. 6.

Wenn aber die Achttheilſoſpir (ꝛ) ein ganzes Viertheil vorſtel=
let; ſo wird die darauf kommende Note herabgeſtrichen. Dieſes ergiebt
ſich in dem $\frac{3}{8}$, $\frac{6}{8}$ und $\frac{12}{8}$ Tacte. Z. E.

§. 7.

In dem Allabreve wird die Viertheilſoſpir nur als ein halbes
Viertheil betrachtet. Wenn ſie alſo am Anfange eines Viertheils ſte=
het; ſo muß die darauf folgende Note mit dem Hinaufſtriche genom=
men werden. Z. E.

Dieſes

Dieſes geſchieht auch im halben und ganzen Trippel. Z. E.

§. 8.

Das zweyte und vierte Viertheil wird meiſtentheils mit dem Hinaufſtriche geſpielet: ſonderheitlich wenn in dem erſten und dritten Viertheile eine Viertheilſospir angebracht iſt. Z. E.

§. 9.

Jedes Viertheil, wenn es aus zwo oder vier gleichen Noten beſtehet, wird mit dem Herabſtriche angefangen; es ſey im gleichen oder ungleichen Zeitmaaße.

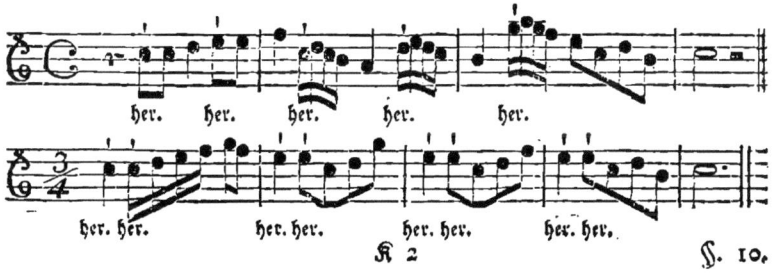

K 2

§. 10.

§. 10.

Das geschwinde Zeitmaaß giebt hier wieder Gelegenheit zu einer Ausnahme. Denn im ersten Beyspiele des vorigen Paragraphs wird man besser, wenn das Tempo geschwind ist, die zwo (E) Noten in einem Striche, doch also nehmen: daß iede Note durch Erhebung des Bogens vernehmlich von der andern unterschieden wird.   Eben also werden im geschwindesten Tempo die vier doppelten Füssellen im zweyten und dritten Tacte besser in einem Hinaufstriche zusammen geschleifet.   Z. E.

her.   hin.   her. hin.   her.   hin.   her.   hin.

§. 11.

Zwo Noten im zweyten und vierten Viertheile, deren eine punctiert ist, werden allezeit mit dem Hinaufstriche, doch so, zusammen genommen: daß, wenn der Punct bey der ersten Note stehet, der Bogen bey dem Puncte aufgehoben, und die erste Note von der letztern merklich unterschieden, die letztere aber ganz spät ergriffen wird. Z. E.

her. hin. her. hin.

Presto.

§. 12.

Ist hingegen die letzte Note punctiert, und die erste abgekürzet; so werden beyde an einem schnellen Hinaufstriche zusammen gezogen. Z. E.

her. hin. her. hin.

Presto.

§. 13.

§. 13.

Wenn 4. Noten in ein Viertheil zusammen kommen; es sey her=
nach das erste oder zweyte, das dritte oder vierte Viertheil: so wird,
wenn die erste und dritte Note punctiert sind, iede Note mit ihrem
besondern Striche, doch abgesondert und also vorgetragen: daß die
dreymal gestrichene ganz spät ergriffen, die darauf folgende aber mit
geschwinder Abänderung des Striches gleich daran gespielet wird. Z. E,

§. 14.

Trift aber von ungefähr auf die erste solcher vier Noten der Hin=
aufstrich; so werden die ersten zwo Noten in einem Striche zusammen,
doch mit Erhebung des Bogens von einander abgesondert vorgetra=
gen: um hierdurch den Bogenstrich wiederum in seine Ordnung zu bringen.
Z. E.

§. 15.

Wenn 4. Noten in einem Viertheile sind, deren die zwote und
vierte punctiert ist; so werden allezeit zwo und zwo in einem Bogen=
striche zusammen gezogen. Man muß aber die punctierte Note weder zu ge=

schwind

schwind auslassen, weder bey dem Puncte nachdrücken, sondern selbe ganz gelind aushalten. Eben dieß hat man sonderheitlich §. 12. zu merken. 3. E.

her. hin. her. hin.

§. 16.

Die letzte Note eines ieden Tactes, ja eines jeden Viertheiles, hat gemeiniglich den Zinaufstrich. 3. E.

hin. her. hin.   hin.   hin.

hin.   hin.   hin.

Wie auch der sogenannte Aufstreich sich allezeit mit dem Zinaufstriche anfängt. 3. E.

hin.   hin.

Was aber der Aufstreich ist, wird man aus dem §. 24. im dritten Abschnitte des ersten Hauptstückes wissen.

§. 17.

Wenn 3. ungleiche Noten in einem Viertheile zusammen kommen, deren eine langsam und zwo geschwindere sind; so werden die zwo geschwindern in einem Bogenstriche zusammen geschleifet: ist aber
eine

eine der zwo geſchwinden punctiert; ſo werden ſie zwar an einem
Bogenſtriche, doch abgeſtoſſen vorgetragen. Hier ſind Exempel.

Dergleichen Figuren werden aber auch oft zu Ausdrückungen eines beſondern muſikaliſchen Geſchmackes auf eine ganz andere Art vorgetragen: wie wir im zweyten Abſchnitte des ſiebenten Hauptſtückes lehren werden. Ja es giebt Fälle, wo man ſie aus Nothwendigkeit anders vortragen muß; um die Strichart in
ſeiner Ordnung zu erhalten, oder vielmehr, um den Strich wieder in die Ordnung zu bringen.

§. 18.

Wenn bey 3. ungleichen Noten die zwo geſchwinden oder kürzern voran ſtehen; nach der darauf kommenden längern Note aber
unmittelbar ein Punct folget: ſo muß man iede der zwo geſchwindern
Noten mit einem beſondern Bogenſtriche abzeigen. Z. E.

§. 19.

§. 19.

Man merke ſich demnach als eine richtige Regel: Wenn bey einer langen und zwo kurzen Noten die erſte der zwo kurzen mit dem Herabſtriche genommen wird; ſo wird iede derſelben mit ihrem beſondern Striche gezeiget. Z. E.

her. hin. her.   hin. her. hin.

Kömmt aber die erſte der zwo geſchwinden Noten mit dem Hinaufſtriche, ſo bleibt es bey der Regel §. 17.

her. hin. her.   hin. her. hin. her. hin. her.   hin.

Hier iſt von beyden ein Exempel. Ich verſtehe es aber allezeit von den Figuren, wo die lange Note vor den zwo kürzern ſtehet. Und dieß eräuget ſich meiſtentheils in den Trippeltacten.

§. 20.

Die nach einer halben Note im geraden Tacte unmittelbar folgende Note wird herab geſtrichen. Z. E.

her. her. hin.   her. her. hin.   her. her.

§. 21.

Wenn 3. Noten abzuſpielen ſind, deren die mittlere muß zertheilet werden; wovon ſchon im dritten Abſchnitte des erſten Hauptſtückes iſt geſprochen worden: ſo muß man beobachten, ob mehrere ſolche Figuren gleich nacheinander folgen. Sind es mehrere? ſo wird der Bogenſtrich

genstrich ohne Absicht auf die bisher gegebenen Regeln nach den vor Augen liegenden Noten hin und her gezogen. Z. E.

her. hin. her. hin. her. hin.

Oder in geschwinden Noten.

her. hin. her. hin. her. hin.

Man muß aber hierbey merken, daß die mittlere Note zwar in Gedanken, aber nicht in der Ausübung soll zertheilet werden: das ist, man muß die mittlere, nämlich die längere Note mit dem Bogenstriche etwas stärker angreifen, keinesswegs aber durch einen Nachdruck vernehmlich abtheilen; sondern nach Erforderung des Zeitmaaßes still aushalten.

§. 22.

Ein anders ist es, wenn der Componiste die Strichart durch ein Verbindungszeichen eigens anzeiget. Z. E.

her. hin. her. hin.   her. hin. her. hin.

Denn hier verbindet er die zwote und dritte Note mit einander: sie werden also in einem Hinaufstriche zusammen geschleifet. Man muß aber in solchem Falle nicht nur die mittlere Note nicht durch einen Nachdruck in zweenen Theilen hören lassen: sondern man muß auch noch dazu die dritte Note ganz gelind an die zwote halten, ohne dieselbe besonders anzustoßen.

§. 23.

Es wird allezeit so gespielet, wenn nur eine Figur von solcher Art vorkömmt: Denn man erhält hierdurch, nach der Hauptregel, den Her-

abſtrich bey dem Anfange eines Tactes, und bleibt folglich mit dem Striche in
der Ordnung. Z. E.

Man vergeſſe nicht die mittlere Note mit dem hinaufſtriche etwas ſtärker anzugreifen; die dritte Note aber durch ein ſich verlierendes *Piano* gelind daran
zu ſchleifen.

§. 24.

Wenn die zwote und dritte Note nicht auf einer Seyte können
gegriffen werden; ſo werden ſie zwar in einem Hinaufſtriche genommen: der Bogen wird aber nach der zwoten Note etwas aufgehoben. Z. E.

Dieß geſchieht auch bey Noten die auf einer Linie oder in einem Tone ſtehen.

§. 25.

Oft iſt anſtatt der erſten Note eine Sospir angebracht. Dann
kann man die zwote und dritte zuſammen hängen, oder iede beſonders vortragen. Will mans zuſamen hängen; ſo bedienet man ſich
des Hinaufſtriches: damit man bey dem erſten Viertheile des folgenden Tactes den Herabſtrich wieder erhält. Z. E.

Will

Will man hingegen die Noten absöndern, und jede mit ihrem eigenen Striche abspielen; so fängt man mit dem Herabstriche an. Hier ist das Beyspiel.

§. 26.

Wenn vor und nach der Note, die man zertheilen muß, zwo kurze Noten stehen; so werden entweder die ersten zwo, oder die letzten zwo in einem Striche zusammen geschleifet. Z. E.

§. 27.

Es giebt manchesmal 3, 4, 5, ja, durch das Verbindungszeichen, ganze Reihen solcher Noten, welche dem Zeitmaaße nach müssen zertheilet werden. Solche Noten werden alle, ohne Rücksicht auf die vorigen Regeln, wie sie vor Augen liegen, mit dem Hinaufstriche und Herabstriche fortgespielet. Man besehe hier einige Beyspiele.

§. 28.

Ein Anfänger findet die gröſte Beſchwerlichkeit in den Trippeltacten. Denn da das Zeitmaaß ungleich iſt, ſo leidet die Hauptregel im 3. §. darunter; und man muß beſondere Regeln haben, um dadurch den Strich immer wieder in die Ordnung zu bringen. Eine neue Hauptregel mag ſeyn: Wenn im ungleichen Zeitmaaſe nur Viertheilnoten vorkommen; ſo müſſen allezeit von drey Noten zwo in einem Striche zuſammen genommen werden. Sonderheitlich wenn man im folgenden Tacte geſchwindere oder ſonſt vermiſchte Noten vorſiehet. Zum Beyſpiele.

§. 29.

(*) Dieß iſt der einzige Fall, wo man die Vertheilung der Noten durch einen kleinen Nachdruck des Bogens vernehmlich vorzutragen pfleget: nämlich wenn mehr ſolche zu zertheilende Noten im geſchwinden Zeitmaaſe hintereinander vorkommen.

§. 29.

Nun ist die Frage: Ob man die ersten oder letzten zwo Noten zusammen schleifen solle? Und noch eine andere Frage ist: Ob, und wenn man sie schleifen oder abstoßen müsse? Beydes kömmt auf das Singbare eines Stückes an, und hängt von dem guten Geschmacke, und von einer richtigen Beurtheilungskraft des Spielenden ab, wenn es der Componiste anzumerken vergessen, oder selbst nicht verstanden hat. Doch kann einigermaßen zur Regel dienen: Daß man die nahe beysammen stehenden Noten mehrentheils schleifen, die von einander entfernten Noten aber meistentheils mit dem Bogenstriche abgesondert vortragen, und hauptsächlich auf eine angenehme Abwechselung sehen solle. Z. E.

L 3 §. 30.

§. 30.

Geschieht es etwa von ungefehr, daß iede der 3. Vierteilnoten mit ihrem besondern Striche ist abgespielet worden; so muß man gleich darauf bedacht seyn, den Strich in dem darauf folgenden Tacte wieder in Ordnung zu bringen. Sind in dem folgenden Tacte noch so viel Noten, 3. E.

so muß man die ersten zwo in dem Hinaufstriche zusammen nehmen, die übrigen aber iede mit ihrem eigenen Striche abspielen.

§. 31.

Wenn nach drey Vierteilnoten, deren iede mit ihrem besondern Striche ist genommen worden, im ersten Vierteile des darauf folgenden Tactes zwo Noten stehen, in den zwey andern Vierteilen aber wieder 2. Vierteilnoten sind; so werden die zwo Noten des ersten Vierteils in einem Hinaufstriche gespielet. 3. E.

§. 32.

Man pflegt den Strich immer hin und her zu ziehen, wenn durch einige Tacte nacheinander Vierteilnoten gesetzet sind. 3. E.

Bey dem erſten Viertheile des zweyten Tactes bekommt man zwar allezeit den Hinaufſtrich: der Strich kömmt aber gleich im dritten Tacte wieder in ſeine Ordnung. Man unterſcheide die erſte Note eines ieden Viertheiles durch einen ſtarken Anſtos mit dem Bogen; und in dem ⁶⁄₈ Tacte ſtoſſe man auch das vierte Viertheil, in dem ¹²⁄₈ Tacte das erſte, vierte, ſiebente und zehende Viertheil ſtark an: nicht in der Abſicht, daß alle dergleichen Paſſagen auf dieſe Art müſſen geſpielet werden; ſondern um die Fertigkeit zu erlangen, aller Orten, wo es nöthig iſt, die Stärke anbringen zu können.

§. 33.

Wenn in dem ³⁄₈, ⁶⁄₈, oder ¹²⁄₈ Tacte, zwey Viertheile mit 4. Sechzehntheilnoten ausgefüllet ſind, auf welche eine Achttheilnote folget; ſo werden die 2. Viertheile oder die 4. Sechzehntheilnoten, in einem Herabſtriche zuſammen gezogen. Sonderheitlich, wenn das Tempo geſchwind iſt. Z. E.

§. 34.

Im geſchwindeſten Zeitmaaſe, beſonders im ¹²⁄₈ Tacte, kann man ſolche Figuren auch gar in einem Striche zuſammen nehmen. Z. E.

§. 35.

her. hin. her. hin.

§. 35.

Diese Figur ist oft umgekehrt: Es stehet nämlich die Achttheilnote vor den 4. Sechzehntheilnoten. In solchem Falle schleifet man
die ersten zwo Sechzehntheilnoten in einem Hinaufstriche zusammen;
hingegen wird iede der zwo letzten mit ihrem besondern Striche gespielet. Z. E.

her. hin. her. hin.

§. 36.

Ist aber das Tempo gar geschwind, so werden die 4. doppelten
Zufellen in dem Hinaufstriche zusammen gezogen. Z. E.

her. hin.

§. 37.

Nun kann der Schüler die im dritten Abschnitte des ersten Hauptstückes eingerückte Tabelle völlig abspielen lernen: um sich recht im Tacte fest
zu setzen. Denn hat er des Striches halben einen Zweifel; so mag er sich in
diesen Regeln umsehen: kann er aber bey der Vermischung unterschiedlicher Noten im Tacte nicht recht fortkommen; so muß er aus zwo doppelten, anfangs
eine machen. Z. E. Es wären etwa in einem musikalischen Stücke diese Noten abzuspielen.

so

ſo nehme er im erſten und zweyten Viertheile anſtatt der zwo Sechzehntheilnoten nur derſelben erſte, nämlich die Note (E), und im zweyten Tacte, die Note (D); er mache aber aus ieder eine Achttheilnote, und ſpiele ſie alſo:
er merke ſich die Gleichheit und die Zeitlänge genau,
und ſchleife bey der Wiederholung die zwote Note alſo
daran, daß hierzu nicht mehrere Zeit erfordert wird,
als bey Abſpielung der Achttheilnote nöthig war. Eben ſo muß der Lehrling
mit dem erſten und dritten Viertheile der eilften Linie, und mit dem zweyten
und vierten Viertheile der zwölften Linie in der Tabelle verfahren. Uebrigens
will ein Anfänger meinem Rathe folgen, ſo ſpiele er die Tabelle nicht allein
nach der Ordnung der Linien weg; ſondern er ſpiele auch den erſten Tact gleich
nach einander durch alle Zeilen, alsdann den zweyten, folglich den dritten, u. ſ. f.
um durch die beſtändige Abänderung der Figuren ſich im Tacte ſicher zu ſetzen.

§. 38.

Damit aber der Schüler gleich etwas zur Uebung der vorgeſchriebenen Stri-
chesregeln bey Handen habe; ſo will ich ein paar Beyſpiele in verſchiedenen Tactsveränderungen herſetzen, und bey den gleichen Noten den Anfang machen, die
durch viele Täcte immer nach einander fortlaufen. Eben dieſe laufenden Noten
ſind jener Stein des Anſtoſſes, über welchen mancher hin ſtolpert, der doch von
der Eigenliebe geblendet ſich ganz kräftig einbildet, er wiſſe richtig, gleich, und
ſicher fortzugehen. Mancher Violiniſt, der ſonſt nicht unartig ſpielet, geräth
bey dem Abſpielen ſolcher immer fortlaufenden gleichen Noten ſo ſehr in das Eilen: daß er, wenn es einige Tacte dauret, wenigſt um ein Viertheil voraus-
kömmt. Man muß demnach ſolchem Uebel vorbeugen, und dergleichen Stücke
anfangs langſam, mit langen anhaltenden Bogenſtrichen die immer auf der Geige
bleiben, nicht forttreibend, ſondern zurückhaltend abſpielen, und ſonderheitlich
die zwo letzten von vier gleichen Noten nicht verkürzen. Gehet es auf dieſe Art
gut; ſo verſucht mans etwas geſchwinder. Man ſtößt alsdann die Noten mit
kürzern Bogenſtrichen, und man übet ſich nach und nach immer mehr und mehr
in der Geſchwindigkeit; doch alſo: daß man allezeit ſo endet, wie man angefangen hat. Hier iſt das Beyſpiel.

§. 39.

Jn diesem und in allen den folgenden Exempeln ist ein zweytes Violin als eine Unterstimme beygesetzet: damit der Lehrmeister und der Schüler solche wechselweis mit einander abspielen können. Um aber alles recht deutlich zu machen; so sind die Regeln des Striches durch Zahlen angezeiget: wie schon in der Tabelle, und auch in der Unterstimme des vorhergehenden Beyspieles zu sehen ist.

M 2   Sie

Sie zeigen den **Paragraph** an, in welchem man die Regel von der Art des Striches nachſuchen mag. Wenn aber die Regel einmal angezeiget iſt; ſo wird ſie in dem nämlichen Exempel nimmermehr angemerket. Nur dieſes muß ich noch erinnern, daß der Lehrmeiſter dieſe vorgeſchriebene Beyſpiele ſeinem Schüler ja nicht vorſpiele: denn hiedurch würde er ſie nur nach dem Gehör, und nicht nach dem Grunde der Regeln abzugeigen lernen. Der Lehrmeiſter laſſe ihn vielmehr ieden Tact des Stückes in die Viertheile austheilen; nach dieſem den Tact ſchlagen, und ſage ihm, daß er zu gleicher Zeit, als er den Tact ſchlägt, die Abtheilung der Viertheile ſich, durch genaue Betrachtung des Stückes, in Gedanken vorſtelle. Nachdem mag er zu ſpielen anfangen: wozu der Lehrmeiſter den Tact ſchlagen, und nur wo es die Noth erfordert mit ihm geigen; die Unterſtimme aber erſt dazu ſpielen muß, wenn der Diſcipel die Oberſtimme ſchon gut und rein abgeigen kann.

Hier ſind die Stücke zur Uebung. Je unſchmackhafter man ſie findet, je mehr vergnügt es mich: alſo gedachte ich ſie nämlich zu machen.

M 3

N

Allabreve.

Dergleichen Gänge werden ohne Abänderung mit dem Herabstriche und Hinaufstriche gespielet.

Man kann den 4, 5 und 6 Tact auch nach der Regel des 33. §. abspielen. Z. E.

Diese und die folgenden Gattung der Tacte pfleget man zu langsamen Melodien zu gebrauchen.

Man darf also alle Noten mit einem langen Hinauf= und Herabstriche ab=
geigen, ohne dadurch die Regeln von der Strichart sehr zu beleidigen.

Das

Das fünfte Hauptstück.

Wie man durch eine geschickte Mäßigung des Bogens den guten Ton auf einer Violin suchen und recht hervor bringen solle.

§. 1.

Es mag etwa einigen scheinen, als wäre gegenwärtige Abhandelung am unrechten Orte angebracht, und hätte dieselbe vielmehr gleich anfangs sollen eingeschaltet werden; um den Schüler schon bey dem Ergreifen der Violin zu der Hervorbringung eines reinen Tones geschickt zu machen. Doch wenn man erwäget, daß ein Anfänger um zu geigen auch nothwendig eine Strichart wissen muß; und wenn man betrachtet, daß er genug zu thun hat alle die vorgeschriebenen nothwendigen Regeln genau zu beobachten, und mit vieler Sorge bald auf den Strich, bald auf die Noten, bald auf den Tact und auf alle die übrigen Zeichen sehen muß: so wird man mirs nicht verargen, daß ich diese Abhandelung hieher ersparet habe.

§. 2.

Daß man gleich anfangs die Geige etwas stark beziehen solle, ist schon oben im zweyten Hauptstücke §. 1. gesagt worden; und zwar darum: damit durch das starke Niederdrücken der Finger, und kräftige Anhalten des Bogens die Glieder abgehärtet und dadurch ein starker und männlicher Bogenstrich erobert werde. Denn was kann wohl abgeschmackters seyn, als wenn man sich nicht getrauet die Geige recht anzugreifen; sondern mit dem Bogen (der oft nur mit zweenen Fingern gehalten wird) die Seyten kaum berühret, und eine so künstliche Hinaufwispelung bis an den Sattel der Violin vornimmt, daß man nur da und dort eine Note zischen höret, folglich nicht weiß, was es sagen will:

weil

weil alles lediglich nur einem Traume gleichet (a). Man beziehe also die Geige etwas stärker; man bemühe sich allezeit mit Ernst und mannhaft zu spielen, und endlich befleißige man sich auch bey der Stärke die Töne rein vorzutragen, dazu die Abtheilung des Bogens in das Schwache und Starke das meiste beytragen wird.

§. 3.

Jeder auch auf das stärkeste ergriffene Ton hat eine kleine obwohl kaum merkliche Schwäche vor sich: sonst würde es kein Ton, sondern nur ein unangenehmer und unverständlicher Laut seyn. Eben diese Schwäche ist an dem Ende iedes Tones zu hören. Man muß also den Geigebogen in das Schwache und Starke abzutheilen, und folglich durch Nachdruck und Mäßigung die Töne schön und rührend vorzutragen wissen.

§. 4.

Die erste Abtheilung kann diese seyn: Man fange den Herabstrich oder den Hinaufstrich mit einer angenehmen Schwäche an; man verstärke den Ton durch einen unvermerkten und gelinden Nachdruck; man bringe in der Mitte des Bogens die gröste Stärke an, und man mäßige dieselbe durch Nachlassung des Bogens immer nach und nach, bis mit dem Ende des Bogens sich auch endlich der Ton gänzlich verliehret.

Fig. I.

Schwäche.　　Stärke.　　Schwäche.
　1　　　　　2　　′　　3

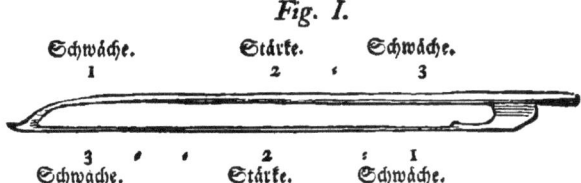

　3　′　′　2　　　　1
Schwäche.　　Stärke.　　Schwäche.

Man muß es so langsam üben, und mit einer solchen Zurückhaltung des Bogens, als es nur möglich ist: um sich hierdurch in den Stand zu setzen in einem Adagio

(a) Solche Luftvioliniften sind so verwegen, daß sie die schweresten Stücke aus dem Stegereif weg zu spielen, keinen Anstand nehmen. Denn ihre Wispeley, wenn sie gleich nichts treffen, höret man nicht: Dieß aber heißt bey ihnen angenehm spielen Die gröste Stille dünket sie sehr süße. Müssen sie laut und stark spielen; alsdann ist die ganze Kunst auf einmal weg.

Adagio eine lange Note zu der Zuhörer groſſem Vergnügen rein und zierlich
auszuhalten. Gleichwie es ungemein rührend iſt, wenn ein Sänger ohne Athem
zu holen eine lange Note mit abwechſelnder Schwäche und Stärke ſchön aus:
hält. Man hat aber auch hierbey ſonderheitlich zu merken, daß man den Fin:
ger der linken Hand, mit der man die Seyte greift, bey der Schwäche etwas
weniges auflaſſe, und den Bogen ein bißchen von dem Stege oder Sattel ent:
ferne: wo man hingegen bey der Stärke mit den Fingern der linken Hand die
Seyten ſtark niederdrücken, den Bogen aber näher an den Stege rücken muß.

§. 5.

Bey dieſer erſten Abtheilung ſonderheitlich, wie auch bey den folgenden:
ſoll der Finger der linken Hand eine kleine und langſame Bewegung machen;
welche aber nicht nach der Seite, ſondern vorwärts und rückwärts gehen muß.
Es muß ſich nämlich der Finger gegen dem Stege vorwärts und wieder gegen
der Schnecke der Violin zurück, bey der Schwäche des Tones ganz langſam,
bey der Stärke aber etwas geſchwinder bewegen.

§. 6.

Die zwote Abtheilung des Bogens mag auf folgende Art gemacht wer:
den. Man fange den Strich ſtark an, man mäſſige ſelben immer unvermerkt,
und endige ihn letzlich ganz Schwach.

Fig. II.

Schwäche.   immer abnehmend.   Stärke.
   3   :   :   2   :   1

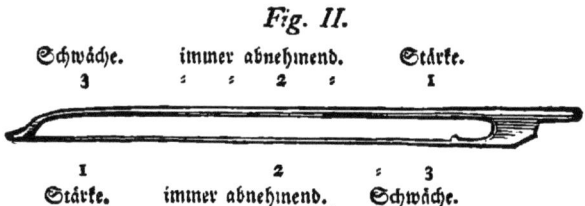

   1   2   :   3
Stärke.   immer abnehmend.   Schwäche.

Ich verſtehe es von dem Hinaufſtriche wie von dem Herabſtriche. Beydes muß
fleißig geübet werden. Dieſe Art braucht man mehr bey kurzen Aushaltungen
im geſchwinden Zeitmaaſe, als in langſamen Stücken.

§. 7.

§. 7.

Die dritte Abtheilung ist folgende. Man fange den Strich mit der Schwäche an; man verstärke selben nach und nach gelind, und endige ihn mit der Stärke.

Fig. III.

Schwäche.   wachsende Stärke.   Stärke.
   1   2   3

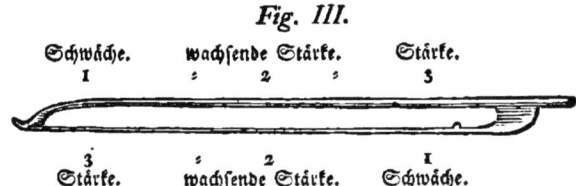

   3   2   1
Stärke.   wachsende Stärke.   Schwäche.

Auch dieses muß mit dem Herabstriche und Hinaufstriche geübet werden, welches von allen Abtheilungen zu verstehen ist. Nur muß man beobachten, daß man den Strich bey der Schwäche des Tones recht langsam, bey der anwachsenden Stärke etwas geschwinder bey der endlichen Stärke aber ganz geschwind hinaus ziehe.

§. 8.

Man versuche die vierte Abtheilung mit zweymal angebrachter Schwäche und Stärke in einem Bogenstriche.

Fig. IV.

Schwach. Stark. Schwach. Stark. Schwach.
  1   2   1   2   1

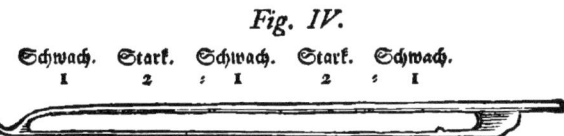

Man versuche es aber hinauf und herab. Die Zahl (1) zeiget die Schwäche, die Zahl (2) hingegen die Stärke an: es hat folglich die Stärke iedesmal eine gelinde Schwäche vor und nach sich. Diese hier nur zweymal angebrachte Stärke kann zwischen abwechselnder Schwäche vier, fünf und sechsmal, ja noch öfter in einem Striche vernehmlich vorgetragen werden. Man lernet durch die Uebung dieser und der vorigen Abtheilungen, die Schwäche und Stärke in allen Theilen des Bogens anzubringen; folglich ist es sehr nützlich.

§. 9.

Es läßt sich aber noch ein sehr nützlicher Versuch machen. Man bemühe sich nämlich einen ganz gleichen Ton in einem langsamen Bogenstriche hervor zu bringen. Man ziehe den Bogen von einem Ende zu dem andern mit einer vollkommenen gleichen Stärke. Man halte aber den Bogen rechtschaffen zurück: denn je länger und gleicher der Strich kann gemachet werden; je mehr wird man Herr seines Bogens, welches zu vernünftiger Abspielung eines langsamen Stückes höchst nothwendig ist.

§. 10.

Durch die fleißige Uebung dieser Abtheilungen des Striches wird man geschickt den Bogen zu mässigen: durch die Mässigung aber erhält man die Reinigkeit des Tones. Die auf der Violin gespannten Seyten werden durch den Geigebogen in die Bewegung gebracht; diese bewegten Seyten zertheilen die Luft, und dadurch entstehet der Klang und Ton, den die Seyten bey deren Berührung von sich geben. Wenn nun eine Seyte öfter nach einander gestrichen, folglich iedesmal aus der vorigen Erzitterung in eine neue, oder gleiche, oder langsamere, oder auch noch geschwindere Bewegung gesetzet wird; nachdem nämlich die auf einander folgenden Striche sind: so muß nothwendig ieder Strich mit einer gewissen Mässigung gelind angegriffen, und ohne Erhebung des Bogens mit einer so anhaltenden Verbindung genommen werden, daß auch der stärkeste Strich die bereits schon in die Erzitterung gebrachte Seyte ganz unvermerkt aus der wirklichen in eine andere Bewegung bringe. Dieß will ich durch jene Schwäche verstanden haben, von welcher §. 3. schon etwas ist erinneret worden.

§. 11.

Wenn man rein spielen will, kömmt auch vieles darauf an, daß man auf die Stimmung der Violin sieht. Ist sie tief gestimmet; so muß man den Bogen von dem Sattel etwas entfernen: ist sie aber hoch gestimmet; so kann man sich dem Sattel mehr nähern. Hauptsächlich aber muß man sich bey der (D) und (G) Seyte allezeit mehr vom Sattel entfernen, als auf der (A) und (E) Seyte. Die Ursach hiervon ist ganz natürlich. Die dicken Seyten sind am Ende, wo sie aufliegen, nicht so leicht zu bewegen: und will man es mit Gewalt thun; so geben sie einen rauhen Ton von sich. Doch verstehe ich keine

weite

weite Entfernung. Der Unterſcheid beträgt nur etwas weniges: und da eben nicht alle Violinen gleich ſind; ſo muß man auf ieder den Ort ſorgfältigſt zu ſuchen wiſſen, wo die Seyten mit Reinigkeit in einen gelinden oder gähen Schwung zu bringen ſind: wie es nämlich das Singbare des abzuſpielenden Stückes erfordert. Uebrigens darf man die dicken und tiefen Seyten allezeit ſtärker angreifen, ohne das Gehör zu beleidigen; denn ſie zertheilen und bewegen die Luft langſam und ſchwach, folglich klingen ſie nicht ſo ſcharf in den Ohren: die feinen und ſtark angeſpannten Seyten hingegen ſind von einer geſchwinden Bewegung, und durchſchneiden die Luft ſtark und geſchwind; man muß ſie alſo mehr mäßigen, weil ſie ſchärfer in das Gehör dringen.

§. 12.

Durch dieſe und dergleichen nützliche Beobachtungen, muß man die Gleichheit des Tones zu erhalten ſich alle Mühe geben; welche Gleichheit aber auch bey Abwechſelung des **Starken** (forte) mit dem **Schwachen** (piano) allezeit muß beybehalten werden. Denn das piano beſtehet nicht darinnen, daß man den Bogen geſchwind von der Violin weg laſſe, und nur ganz gelind über die Seyten hinglitſche; dadurch ein ganz anderer und pfeifender Ton entſtehet: ſondern die **Schwäche** muß die nämliche Klangart haben, welche die **Stärke** hatte; nur daß ſie nicht ſo laut in die Ohren fällt. Man muß alſo den Bogen von der **Stärke** ſo in die **Schwäche** führen, daß allezeit ein guter, gleicher, ſingbarer und, ſo zu reden, runder und fetter Ton gehöret wird, welches durch eine beſondere Mäſſigung der rechten Hand, ſonderbar aber durch ein gewiſſes artiges Steifhalten, und abwechſelndes gelindes Nachlaſſen des Handgliedes muß bewerkſtelliget werden: ſo man aber beſſer zeigen als beſchreiben kann.

§. 13.

Jeder, der die Singkunſt ein bißchen verſtehet, weis, daß man ſich eines gleichen Tones befleiſſigen muß. Denn wem würde es doch gefallen, wenn ein Singer in der Tiefe oder Höhe bald aus dem Hals, bald aus der Naſe, bald aus den Zähnen u. ſ. w. ſingen, oder gar etwa dazwiſchen falſetiren wollte? Die Gleichheit des Tones muß alſo auch auf der Violin nicht nur bey der Schwäche und Stärke auf einer Seyte, ſondern auf allen Seyten und mit ſolcher Mäſſigung beobachtet werden, daß eine Seyte die andere nicht übertäube.

O 2 Wer

Wer ein Solo ſpielt handelt ſehr vernünftig, wenn er die leeren Seyten ſelten oder gar nicht hören läßt. Der vierte Finger auf der tiefern Nebenſeyte wird allezeit natürlicher und feiner klingen: weil die leeren Seyten gegen den gegriffenen zu laut ſind, und gar zu ſehr in die Ohren dringen. Nicht weniger wird ein Soloſpieler alles, was immer möglich iſt, auf einer Seyte heraus zu bringen ſuchen; um ſtäts in gleichem Tone zu ſpielen. Es ſind alſo jene gar nicht zu loben, welche das piano ſo ſtill ausdrücken, daß ſie ſich kaum ſelbſt hören; bey dem forte aber ein ſolches Raſpeln mit dem Geigebogen anfangen, daß man, beſonders auf den tiefen Seyten, keinen Ton unterſcheiden kann, und lediglich nichts anders, als ein unverſtändliches Geräuſche höret. Wenn nun auch das beſtändige Einmiſchen des ſogenannten Flaſcholets noch dazu kömmt; ſo entſtehet eine recht lächerliche, und, wegen der Ungleichheit des Tones, eine wider die Natur ſelbſt ſtreitende Muſik, bey der es oft ſo ſtill wird, daß man die Ohren ſpitzen muß, bald aber möchte man wegen dem gähen und unangenehmen Geraſſel die Ohren verſtopfen (b).

§. 14.

Zur Gleichheit und Reinigkeit des Tones trägt auch nicht wenig bey, wenn man vieles in einem Bogenſtriche weis anzubringen. Ja es läuft wider das Natürliche, wenn man immer abſetzet und ändert. Ein Singer der bey ieder kleinen Figur abſetzen, Athem holen, und bald dieſe bald jene Note beſonder vortragen wollte, würde unfehlbar jedermann zum Lachen bewegen. Die menſchliche Stimme ziehet ſich ganz ungezwungen von einem Tone in den andern: und ein vernünftiger Singer wird niemal einen Abſatz machen, wenn es nicht eine beſondere Ausdrückung, oder die Abſchnitte und Einſchnitte erfordern (c). Und wer weis denn nicht, daß die Singmuſik allezeit das Augenmerk
aller

(b) Wer das Flaſcholet auf der Violin will hören laſſen, der thut ſehr gut, wenn er ſich eigens Concerte oder Solo darauf ſetzen läßt, und keine natürliche Violinklänge darunter miſchet.

(c) Die Abſchnitte und Einſchnitte ſind die Inciſiones, Diſtinƈtiones, Interpunƈtiones, u. ſ. f. Was aber dieß vor Thiere ſind muß ein guter Grammatikus, noch mehr ein Rhetor und Poet wiſſen. Hier ſieht man aber, daß es auch ein guter Violiniſt wiſſen ſoll. Einem rechtſchaffenen Componiſten iſt dieſe Wiſſenſchaft unentbehrlich; ſonſt iſt er das fünfte Rad am Wagen: denn die Diaſtolica (von διαστολη) iſt eine der nothwendigſten Sachen in der melodiſchen Setzkunſt. Ein beſonderes Naturell erſetzet aller Instrumentisten seyn soll: weil man sich in allen Stücken dem Natürlichen, so viel es immer möglich ist, nähern muß? Man bemühe sich also, wo das Singbare des Stückes keinen Absatz erfordert, nicht nur bey der Abänderung des Striches den Bogen auf der Violin zu lassen und folglich einen Strich mit dem andern wohl zu verbinden; sondern auch viele Noten in einem Bogenstriche und zwar so vorzutragen: daß die zusammen gehörigen Noten wohl aneinander gehänget, und nur durch das forte und piano von einander in etwas unterschieden werden.

§. 15.

Dieses wenige mag einem fleißig Nachdenkenden genug seyn durch öfteres Versuchen zu einer geschickten Mäßigung des Bogens zu gelangen, und eine angenehme Verbindung des Schwachen mit dem Starken an einem Bogenstriche nach und nach hervor zu bringen. Ich würde auch hier eine gewisse nützliche Beobachtung eingeschaltet haben, die zur Uebung den Ton rein aus der Violin zu bringen nicht wenig beyträgt, wenn ich sie nicht lieber, wegen der Doppelgriffe, und wegen der dazu nöthigen Applicatur in den dritten Abschnitt des achten Hauptstückes verschoben hätte. Man wird sie im zwanzigsten Paragraph finden.

setzet zwar manchmal den Abgang der Gelehrsamkeit; und oft hat, leider! ein Mensch bey der besten Natursgabe die Gelegenheit nicht sich in den Wissenschaften umzusehen. Wenn nun aber einer, von dem man glauben soll er habe studiret, merkliche Proben seiner Unwissenheit ableget, das läßt einmal gar zu ärgerlich. Was kann man wohl von jenem denken, der nicht einmal in seiner Muttersprache 6. reine Wörter in Ordnung setzen und verständlich zu Papier bringen kann, dem allem aber ungeachtet ein gelehrter Componist heissen will? Eben ein solcher, der wenigstens dem Scheine nach die Schulen durchgelaufen ist, um in den Stand zu kommen, in dem er sich nun auch befindet; eben dieser schrieb einsmal an mich, aber einen, sowohl nach den Verdiensten der Materie, als auch der grammaticalischen Schreibart nach, unendlich schlechten Brief, der alle so ihn lasen der dummesten Unwissenheit des Verfassers überzeugte. Er wollte in diesem Schreiben eine musikalische Streitigkeit entscheiden, und die Ehre eines seiner würdigen Freunde rächen. Es gerieth aber so, daß sich der einfältige Vogel in seinem eigenen Garne fieng, und zu einem öffentlichen Gelächter wurde. Seine Einfalt rührte mich, ich ließ den armen Tropfen laufen: obwohl ich zur Belustigung meiner Freunde schon eine Antwort niedergeschrieben hatte.

❊ ❊ ❊

Das

Das sechste Hauptstück.

Von den sogenannten Triolen.

§. 1.

Ein Triole oder sogenanntes Dreyerl ist eine Figur von 3. gleichen Noten, welche 3. Noten, da sie ihrem Zeitmaaße nach, unter welchem sie stehen, nur als zwo anzusehen sind, auch also unter sich müssen eingetheilet werden, daß alle 3. nicht mehrer Zeitraum einfüllen, als man zu Abspielung zwoer derselben bedarf. Es ist demnach bey iedem Dreyerl eine überflüßige Note, mit der sich die beyden andern so vergleichen müssen, daß der Tact nicht im mindesten dadurch geänderet wird.

§. 2.

So zierlich diese Triolen sind, wenn sie gut vorgetragen werden; so abgeschmack klingen sie, wenn sie ihren rechten und gleichen Vortrag nicht haben. Wider dieses fehlen gar viele, und zwar auch solche, die sich nicht wenig auf ihre musikalische Wissenschaft zu gute thun, bey allem dem aber nicht im Stande sind 6. bis 8. Triolen in der gehörigen Gleichheit abzuspielen; sondern entweder die ersten oder die letzten zwo Noten geschwinder abgeigen, und, anstatt

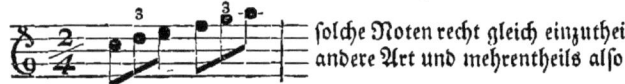 solche Noten recht gleich einzutheilen, auf eine ganz andere Art und mehrentheils also spielen:

welches doch ganz etwas anders saget, und der Meinung des Componisten schnurgerad entgegen läuft. Diese Noten werden eben deßwegen mit der Zahl (3) bemerket, um dieselben desto eher gleich von andern unterscheiden zu können, und ihnen den erforderlichen, eigenen, und keinen andern Ausdruck zu geben.

§. 3.

§. 3.

Jede Figur läßt sich durch die Strichart vielmal verändern; wenn sie auch nur in wenigen Noten bestehet. Diese Veränderung wird von einem vernünftigen Componisten mehrentheils angezeiget, und muß bey Abspielung eines Stückes genau beobachtet werden. Denn ist es in solchen Stücken, wo mehr als einer aus einer Stimme zusammen spielen; so muß es ohnedem der Gleichheit halben geschehen, welche die Spielenden unter sich beobachten sollen: ist es aber in einem Solo; so will der Componist seine Affecten dadurch ausdrücken, oder wenigstens eine beliebte Abwechselung machen. Die Triolen sind auch solchen Veränderungen unterworfen, wo der Bogenstrich alles unterscheidet, was man immer zur Ausdrückung dieses oder jenes Affects bedarf, ohne der Natur eines Dreyerls entgegen zu seyn.

§. 4.

Anfangs kann man iede Note mit ihrem besondern Striche abgeigen; wie es sich nach Beobachtung der vorgegangen Strichregeln ergiebt. Hier ist ein Exempel.

§. 5.

§. 5.

Will man aber das erste der zwey Triolen mit dem Herabstriche, und
das zweyte mit dem Hinaufstriche zusammen schleifen; so hat man schon eine
Veränderung. Man besehe das Exempel, welches man anfangs ganz langsam,
nach und nach aber allezeit geschwinder üben muß.

Nicht nur in diesem Exempel wo die (✳) Zeichen sind; sondern auch in allen ergleichen Fällen muß anstatt der leeren Seyte die tiefere Nebenseyte mit dem ierten Finger gegriffen werden. Man ist hierdurch der unbequemen Bewegung nit dem Bogen überhoben, und man erhält einen gleichern Ton; wie wir schon ns dem 13. §. des vorhergehenden Hauptstückes wissen.

§. 6.

Ganz anders klingen die **Triolen**, wenn die erste Note eines Dreyerls
it dem Herabstriche ganz allein schnell weggespielet wird; die zwo andern aber
n Hinaufstriche zusammen geschleifet werden.   Es muß aber bey dieser, bey
r vorhergehenden und bey allen nachfolgenden Veränderungen die Gleichheit
r Noten des Spielenden einziges Augenmerk seyn.   Hier ist das Beyspiel:

:s kann auch anstatt der ersten Note eine Sospir stehen: Z.E.

hin.

§. 7.

Man kehre den Strich um, und schleife die zwo ersten Noten im Herab-
riche, und stoße die letzte im Hinaufstriche nach der Anweisung des folgenden
:rempels.

Hier

Hier muß ich erinnern, daß man die erste Note eines Dreyerls im vorhergehenden Exempel des 6. §., und die letzte Note iedes Dreyerls in dem gegenwärtigen Beyspiele zwar schnell wegspielen, allein nicht mit einer übertriebe-
nen Stärke, und zwar so närrisch abreissen solle, daß man sich dadurch bey den
Zuhörern lächerlich machet. Die, so diesen Fehler an sich haben, pflegen auch
bey gewissen Figuren, und zwar 3. E.

hier die erste Note, oder auch aller Orten, wo sie nur eine Note allein erwischen
können, solche so possierlich weg zu zupfen, daß sie iedermann gleich bey dem
ersten Anblicke zum lachen bewegen.

§. 8.

In geschwinden Stücken muß man oft zwey Triolen, folglich 6. Noten
in einem Striche zusammen nehmen.   Wenn also mehr Triolen auf einander
folgen; so werden die ersten 6. Noten mit dem Herabstriche, die andern 6. Noten aber mit dem Hinaufstriche genommen.   Man muß aber die erste ieder 6.
Noten etwas stärker anstossen, die übrigen 5. Noten ganz gelind daran schleifen, und also durch die vernehmliche Stärke die erste von den übrigen fünf
Noten unterschieden. 3. E.

Molto Allegro.

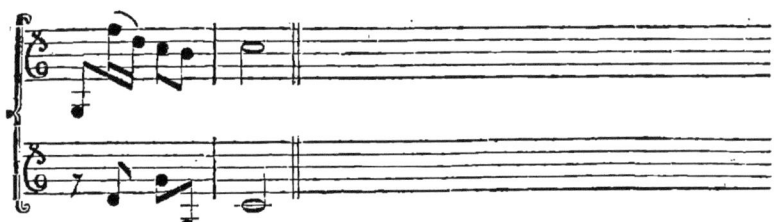

Es geschieht aber auch oft in langsamen Stücken. Z. E.

§. 9.

Will man aber eine solche Passage mit Nachdruck und Geist abspielen; so nehme man die erste Note von 2. Triolen oder von 6. Noten mit dem Herab-striche, die übrigen 5. Noten aber schleife man in dem Hinaufstriche zusammen. Z. E.

Damit

Damit sich ein Anfänger auch an die Dreyerl in einer andern Tactesart, und an die unterschiedliche Schreibart gewöhne; so sind hier zwey Triolen zusammen gehänget, mit der Zahl (6) bezeichnet, und in dem Allabreve Tact angebracht.

§. 10.

Wenn anstatt der ersten Note zweyer Triolen eine Sospir hingesetzet ist; so werden die übrigen Noten mit gutem Erfolge in einem Hinaufstriche zusammen gezogen.   In langsamen Stücken läßt diese Art ungemein gut; sonderbar wenn die ersten zwo Noten etwas stärker angegriffen, die übrigen aber ohne den Bogen nachzudrücken oder aufzuheben ganz still und gelind daran geschleifet werden.   Hier ist ein Beyspiel:

Man kann es auch versuchen das erste Viertheil mit dem **Hinaufstriche,** das zweyte mit dem **Herabstriche** zu nehmen.

§. 11.

Es läßt sich eine Passage zwar auf die vorige Art, doch wieder ganz anders vortragen: wenn man nämlich die 5. Noten in einem Hinaufstriche abstoßet und iede durch einen kurzen Nachdruck unterscheidet.   Wie das vorige beweglich klinget: so läßt dieß etwas kecker und hat mehr Geist; sonderbar wenn es mit Stärke und Schwäche ausgezieret wird. Z. E.

Allezeit mit dem Hinaufstriche.

§. 12.

§. 12.

Will man hingegen eine ſolche Figur recht verächtlich und frech ausdrücken; ſo ſtoſſe man iede Note mit einem beſondern Bogenſtriche ſtark und kurz
weg, welches den ganzen Vortrag ändert und von dem vorigen merklich unterſcheidet. Z. E.

§. 13.

Wenn zwey Triolen, die ſingbar geſetzet ſind, mit einer Soſpir anfangen; ſo kann man ſie ſehr artig und ſchmeichelnd in einem verzogenen Striche
vortragen: wenn man nämlich die erſte, zwote und dritte Note im Hinaufſtriche, die vierte, und fünfte aber im Herabſtriche zuſammen ſchleift. Man
muß aber die erſte des Hinaufſtriches etwas ſtärker angreifen, und die übrigen
alle, auch bey der Wendung des Striches, immer ſtiller daran ſchleifen. Z. E.

§. 14.

In einem Tempo, welches nicht zu langſam noch übertrieben iſt, kann
man die erſte Note eines Dreyerls mit dem Herabſtriche allein, die zwote
und dritte aber in dem Hinaufſtriche zuſammen nehmen; doch alſo: daß iede
der zwo letzten Noten abgeſondert klinge. Dieß muß durch die Erhebung des
Bogens geſchehen. Man beſehe das Exempel:

§. 15.

§. 15.

Man kann eine Veränderung machen, die man gleich von allen andern unterscheidet: wenn man zwar drey Noten, aber nicht die gewöhnlichen drey, zusammen schleifet; sondern von iedem Dreyerl die zwote und dritte Note mit der ersten Note des darauf folgenden Dreyerls oder einer andern nachkommenden Figur verbindet. Man muß aber sonderbar auf die Gleichheit der Triolen sehen, und die Stärke oder den Nachdruck nicht am Anfange, sondern am Ende des Bogens anbringen: sonst fällt dieser Nachdruck auf den unrechten Ort, nämlich auf die zwote Note; da er doch auf die erste Note fallen muß. Das Exempel wird es klärer machen.

§. 16.

Zur Nachahmung, oder zur Ausdrückung und Erregung dieser oder jener Leidenschaft werden auch solche Figuren erdacht, durch deren karactermässiges Abspielen man der Natur am nächsten zu kommen glaubet. Wenn z. E. iedes Dreyerl mit einer Sospir anfängt; so kann ein klägliches Seufzen nicht besser ausgedrücket werden, als wenn die übrigen zwo Noten mit Abwechselung des Forte und Piano im Hinaufstriche zusammen geschleifet werden. Man muß aber den Strich mit einer sehr mäßigen Stärke anfangen, und ganz still enden. Man versuche es in dem folgenden Beyspiele.

§. 17.

§. 17.

Man kann auch viele **Triolen** in einem Bogenstriche zusammen schleifen; sonderbar im geschwinden Tempo. Z. E.

Die ersten 6. **Triolen** werden in dem Herabstriche, die andern 6. aber in dem Hinaufstriche, doch also gespielet: daß die erste Note eines ieden Tactes durch den Nachdruck des Bogens mit einer Stärke bemerket wird. Man wird sich übrigens auch noch wohl erinnern; was §. 5. wegen den mit (✳) bemerkten Noten gesprochen worden. In diesem Beyspiele sind auch solche Gänge; und man muß überhaupts wegen der leeren Seyten niemals eine Seyte verlassen; sondern allezeit den vierten Finger brauchen.

§. 18.

Wenn man es noch anders abspielen will; so darf man nur die erste Note von 2. **Triolen** allein, die 4. folgenden Noten in einem Schleifer zusammen, die letzte aber wieder ganz allein abgeigen: so hat man eine neue Veränderung. Z. E.

§. 19.

Dieß sind nun jene Veränderungen der Triolen, die mir itzt beyfallen. Sie können in allen Gattungen des Tactes gebrauchet, und nach Erforderung der Umstände bald besonders bald vermischt angebracht werden. Man wird mir wohl vorwerfen: daß ich die bisher eingeschalteten Beyspiele nicht meistentheils in (C) Dur hätte setzen sollen? Es ist wahr, sie sind fast alle in dem nämlichen Tone angebracht. Aber ist es denn nicht besser, wenn ein Anfänger die diatonische Tonleiter sich rechtschaffen bekannt macht; als wenn er aus mehr Tonleitern zu spielen anfängt ohne eine derselben vorher vom Grunde zu verstehen? Ist es einem Schüler nicht vorträglicher, wenn er sich in jener Tonleiter übet, wo die Intervallen schon natürlich liegen, und er folglich hierdurch alle Töne gut in das Gehör bekömmt; als wenn er bald aus dieser bald aus jener Tonart spielet, aller Orten falsch greift, dadurch in eine Verwirrung geräth, und etwa gar so unglücklich wird, daß er das Falsche von dem Reinen nimmer unterscheiden kann. Solche Leute kommen gemeiniglich dahin, daß sie letztlich so gar ihre Violin rein zusammen zu stimmen verlernen. Es giebt lebendige Beyspiele hiervon.

Das

Das siebende Hauptstück.

Von den vielen Veränderungen des Bogenstriches.

Des siebenden Hauptstücks

erster Abschnitt.

Von der Veränderung des Bogenstriches bey gleichen Noten.

§. 1.

Daß der Bogenstrich alles unterscheide, haben wir schon in dem vorhergehenden Hauptstücke in etwas eingesehen. Das gegenwärtige wird uns gänzlich überzeugen, daß der Bogenstrich die Noten belebe; daß er bald eine ganz modeste, bald eine freche, bald eine ernsthafte, bald eine scherzhafte, itzt eine schmeichelnde, itzt eine gesetzte und erhabene, itzt eine traurige, itzt aber eine lustige Melodie hervorbringe, und folglich dasjenige Mitteldíng sey, durch dessen vernünftigen Gebrauch wir die erst angezeigten Affecten bey den Zuhörern zu erregen in den Stand gesetzet werden. Ich verstehe, wenn der Componist eine vernünftige Wahl trifft; wenn er die ieder Leidenschaft ähnlichen Melodien wählet, und den gehörigen Vortrag recht anzuzeigen weis. Oder wenn ein wohlgeübter Violinist selbst eine gesunde Beurtheilungskraft besitzet, die, so zu reden, ganz nacketen Noten mit Vernunft abzuspielen; und wenn er sich bemühet den Affect zu finden, und die hier folgenden Stricharten am rechten Orte anzubringen. -

Q 2

§. 2.

§. 2.

Gleiche nach einander fortlaufende Noten sind schon vieler Veränderung unterworfen. Ich will eine einzige Passage zum Grunde legen, welche man anfangs ganz platt wegspielen, und iede Note mit ihrem eigenen Bogenstriche besonder vortragen mag. Man befleissige sich einer genauen Gleichheit, und bemerke die erste Note eines ieden Viertheiles mit einer Stärke, welche den ganzen Vortrag begeistert. Z. E.

§. 3.

Wenn zwo und zwo Noten mit dem Herabstriche und Hinaufstriche zusammen geschleifet werden; so hat man gleich eine Veränderung. Z. E.

her. hin.   her. hin.   u. s. f.

Die erste zwoer in einem Striche zusammen kommender Noten wird etwas stärker angegriffen, auch etwas länger angehalten; die zwote aber ganz still und etwas später daran geschleifet. Diese Art des Vortrages befördert den guten Geschmack durch das Singbare; und es hindert das Forttreiben durch das Zurückhalten.

§. 4.

Man nehme die erste Note mit dem Herabstriche allein; die 3. folgenden aber schleife man in einem Hinaufstriche zusammen: so hat man eine zwote Veränderung. Z. E.

her. hin.

Man

Man vergeſſe aber die Gleichheit der 4. Noten nicht; ſonſt möchten etwa die 3. letzten Noten gar wie **Triolen** klingen und alſo vorgetragen werden:

§. 5.

Schleift man die erſten 3. Noten in dem Herabſtriche zuſammen, und nimmt die vierte in dem Hinaufſtriche abgeſondert und allein; ſo entſtehet eine **dritte Veränderung.** Man erinnere ſich aber allezeit der Gleichheit.

her. hin.

§. 6.

Es erwächst eine **vierte Veränderung,** wenn die erſten zwo Noten in dem Herabſtriche zuſammen geſchleifet werden; iede der zwo folgenden hingegen mit ihrem beſondern Striche ſchnell weg geſpielet und abgeſtoſſen wird. Dieſe Art wird meiſtentheils im geſchwinden Zeitmaaſe gebrauchet; und es iſt als eine Ausnahme der im 9. §. des vierten Hauptſtückes angebrachten Strichregel anzuſehen: weil ſich das erſte Viertheil zwar mit dem Herabſtriche, das zwente aber mit dem Hinaufſtriche u. ſ. f. anfängt. **Z. E.**

her. hin.her. hin.her.hin. her. hin.

§. 7.

Nimmt man nun die dritte und vierte Note auch in einem Bogenſtriche zuſammen; doch alſo, daß die erſten zwo Noten, wie im vorhergehenden Paragraph, herunter geſchleifet, die zwo letzten aber in dem Hinaufſtriche mit Erhebung des Bogens abgeſondert vorgetragen werden: ſo hat man eine **fünfte Veränderung. Z. E.**

Q 3   §. 8.

 her. hin.

§. 8.

Eine sechste Veränderung erhält man, wenn man die erste Note im Herabstriche ganz allein schnell abstößt; die zwote und dritte in dem Hinaufstriche zusammen schleifet; die vierte aber im Herabstriche wieder besonders und schnell
weg spielet. Auch hier fängt sich das zwevte und vierte Viertheil; wider die
im 9. §. des vierten Hauptstückes vorgeschriebene Regel, mit dem Hinaufstriche an. Man spiele die erste und letzte Note iedes Viertheils mit einem
schnellen Striche; sonst entstehet eine Ungleichheit des Zeitmaaßes.

her. hin. her. hin. her. hin. her. hin.

§. 9.

Es läßt sich eine solche Passage auch artig vortragen, wenn man die erste
Note mit dem Herabstriche abstößt; die zwote und dritte mit dem Hinaufstriche
zusammen schleifet; die letzte aber mit der ersten des folgenden Viertheils durch
den Herabstrich in einem Schleifer verbindet, und so immer fortfähret, daß so
gar die letzte Note an die vorletzte geschleifet wird. Dieß mag die siebende
Veränderung seyn.

her. hin. her. hin.

§. 10.

Man kann ferner die 4. Sechzehntheilnoten des ersten Viertheils in dem
Herabstriche, die viere des zwevten Viertheils hingegen in dem Hinaufstriche zusammen

ſammen ſchleifen, und ſo immer fortfahren.   Dieß giebt eine achte Veränderung.   Man muß aber die erſte Note eines ieden Viertheils durch die Stärke
unterſcheiden.

§. 11.

Es giebt gleich eine neue und neunte Veränderung, wenn man das erſte
und zweyte Viertheil, folglich 8. Noten in dem Herabſtriche; das dritte und
vierte Viertheil aber, als die andern 8. Noten, in dem Hinaufſtriche doch alſo
zuſammen ſchleifet, daß die erſte Note eines ieden Viertheils durch einen ſtarken
Nachdruck des Geigebogens bemerket, und von den übrigen unterſchieden wird.
Die Gleichheit des Zeitmaaßes wird hierdurch befördert; der Vortrag wird deutlicher und viel lebhafter ; und der Violiniſt gewöhnet ſich dadurch an einen langen
Bogenſtrich.   Hier iſt das Beyſpiel:

§. 12.

In einem geſchwinden Zeitmaaſe, und um eine neue Uebung und zehn-
te Veränderung zu machen, mag man auch gar einen ganzen Tact an einem
Striche wegſpielen.   Man muß aber auch hier wie in der vorigen Art die erſte
Note eines ieden Viertheils mit einem Nachdruck bemerken.   Z. E.

§. 13.

§. 13.

Will man ſich nun aber an einen recht langen Bogenſtrich gewöhnen; will man viele Noten in einem Striche mit Nachdruck, Deutlichkeit und Gleich= heit vorzutragen lernen, und folglich ſich recht Meiſter ſeines Bogens machen: ſo kann man mit groſſem Nuzen dieſe ganze Paſſage an einem einzigen Bogen= ſtriche bald hinauf, bald herunter abſpielen. Man vergeſſe aber nicht bey der erſten Note eines ieden Viertheiles den Nachdruck anzubringen, welches iedes Viertheil von dem andern deutlich unterſcheiden muß. Dieß iſt die eilfte Ver= änderung.

§. 14.

Wenn man nun ſo viele Noten in einem Bogenſtriche zuſammen zu ſchlei= fen ſich recht geübet hat; ſo muß man auch lernen den Bogen aufheben und mehrere Noten in einem Striche abgeſondert vortragen: welches eine zwölfte Veränderung giebt. Z. E.

Die erſten zwo Noten werden zwar in dem Herabſtriche, und die zwo andern in dem Hinaufſtriche genommen: doch werden ſie nicht geſchleifet; ſondern ſie werden durch die Erhebung des Bogens von einander getrennet und abgeſtoſſen.

§. 15.

Eben alſo kann man auch die erſte Note mit dem Herabſtriche nehmen; die übrigen 3. hingegen in einem Striche abſtoſſen. Welches die dreyzehnte Abänderung ſeyn mag.

§. 16.

 her. hin.

§. 16.

Will man es das vierzehntemal abändern, so darf man nur die 4. No=
ten des ersten Viertheils in dem Herabstriche zusammen schleifen; die 4. Noten
des zweyten Viertheils hingegen in dem Hinaufstriche abgesondert vortragen.
Man vergesse aber die Gleichheit des Zeitmaases nicht: denn bey dem zweyten
und vierten Viertheile kann man gar leicht in das Eilen gerathen. Hier ist das
Beyspiel:

her.   hin.   her.
            hin.

§. 17.

Hat man in den Paragraphen 11, 12 und 13 einen ganzen, ja gar zwee=
ne Tacte in einem Schleifer weg zu spielen geübet; so muß man auch viele No=
ten an einem Bogenstriche abstoßen lernen. Man schleife also das erste Vier=
theil in dem Herabstriche; die 12. Noten der übrigen 3. Viertheile hingegen
spiele man zwar an einem Hinaufstriche, man trenne und unterscheide sie aber
durch eine geschwinde Erhebung des Bogens. Hier hat man eine fünfzehnte
Abänderung.

her.   hin.

Diese Art des Vortrags wird einem Anfänger etwas schwer kommen. Es ge=
hört eine gewisse Mäßigung der rechten Hand dazu, und eine Zurückhaltung
des Bogens, die mehr gezeiget, und durch die Uebung selbst gefunden, als mit

Worten kann erkläret werden. Die Schwere eines Geigebogens trägt vieles bey; nicht weniger die Länge oder Kürze. Ein schwerer und langer Bogen muß leichter geführet, und etwas weniger zurück gehalten werden; ein leichter und kurzer Bogen wird mehr niedergedrückt und mehr zurücke gehalten. Die rechte Hand muß überhaupts hiebey ein bißchen steif gemacht, das Anhalten und Nachlassen derselben aber muß nach der Schwere und Länge oder nach der Leichtigkeit und Kürze des Bogens gemäßiget werden. Die Noten müssen in einem gleichen Tempo, und mit gleicher Kraft ausgedrücket, und nicht übereilet oder, so zu reden, verschlucket werden. Absonderlich aber muß man den Bogen so einzuhalten und zu führen wissen, daß gegen das Ende des zweyten Tactes noch so viel Kraft zurücke bleibt, die am Ende dieser Passage stehende Viertheilnote (G) an dem nämlichen Striche mit einer merklichen Stärke zu unterscheiden.

§. 18.

Endlich kann man auch noch eine sechzehente Veränderung machen. Wenn man nämlich die erste Note mit dem Herabstriche besonder abgeiget; und die 3. folgenden zwar in einem Hinaufstriche zusammen nimmt, die zwote und dritte aber zusammen schleifet, die vierte hingegen durch eine geschwinde Erhebung des Bogens abstößt. 3. E.

her. hin.

Doch läßt diese Art des Vortrags besser, wenn die Noten mehr von einander entfernet, oder, so zu reden, springend gesetzet sind. 3. E.

§. 19.

Man muß aber nicht glauben, als könnte man dergleichen Veränderungen nur im gleichen Zeitmaaße anbringen. In dem ungleichen Zeitmaaße
kann

kann man die nämlichen und noch viele andere machen. Ich will, was mir bey= fällt, hersetzen: doch hoffe ich, man wird aus den vorhergehenden vielen Bey= spielen und deren Bezeichnungen so viel erlernet haben, daß man die folgen= den Exempel, ohne einer fernern Erklärung, nach den darauf gesetzten Zeichen wegzuspielen keinen Anstand haben wird. Zum Ueberflusse will ich noch sa= gen, daß man iede der unbezeichneten Noten mit ihrem eigenen Striche ab= geigen, die mit kleinen Strichen markierten Noten schnell wegspielen, die mit dem Halbcirkel bezeichnete Noten in einem Striche zusammen schleifen und die nebst dem Cirkel auch mit kleinen Strichen bemerkten Noten zwar an ei= nem Striche, doch mit Erhebung des Bogens abgestossen vortragen muß.

Die erste Note eines ieden Viertheils wird hier stark angegriffen.

Der Strich wird hier immer hin und her gezogen.

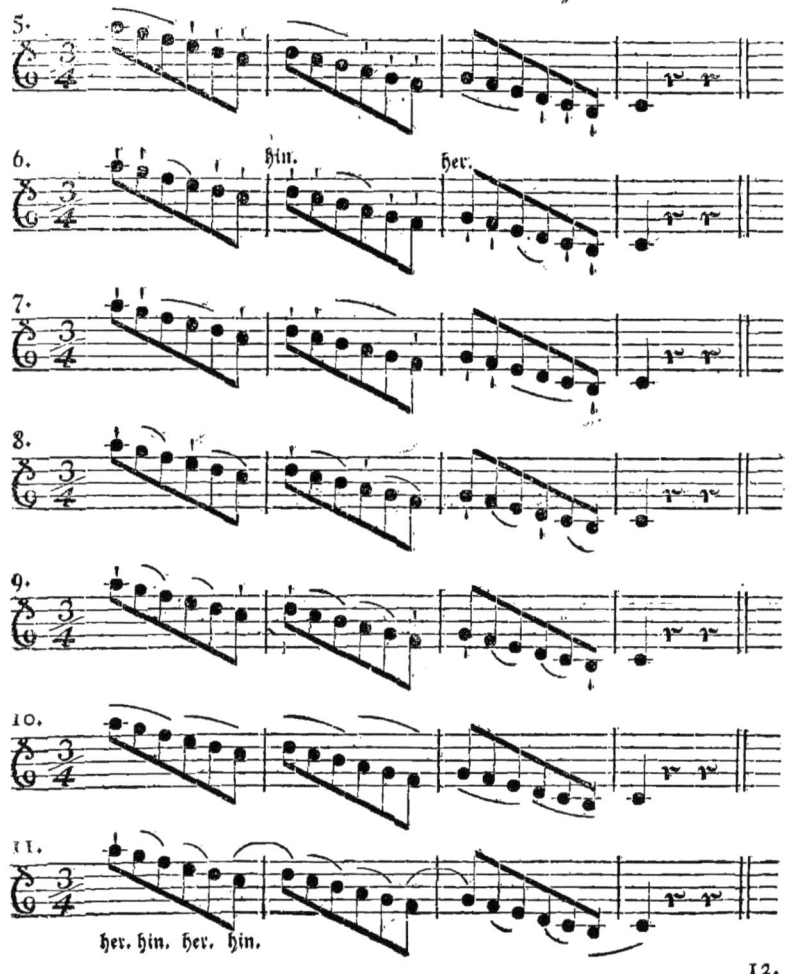

§. 20.

Es ist aber nicht genug, daß man dergleichen Figuren nach der angezeigten Strichart platt wegspiele: man muß sie auch so vortragen, daß die Veränderung gleich in die Ohren fällt.   Freylich gehörte eine dergleichen Lehre des
schmackhaften Vortrags in eine eigene Abhandlung   Von dem guten musikalischen Geschmack.   Allein warum soll man denn nicht bey guter Gelegenheit auch etwas vom guten Geschmack mitnehmen, und den Schüler an einen
singbaren Vortrag gewöhnen?   Ein Anfänger wird dadurch geschickter die Regeln des Geschmackes seiner Zeit besser einzusehen; und der Lehrmeister hat alsdann nur halbe Mühe solche ihm beyzubringen.   Wenn nun in einem musikalischen Stücke 2. 3. 4. und noch mehr Noten durch den Halbcirkel zusammen-
verbunden werden, daß man daraus erkennet, der Componist wolle solche Noten nicht abgesondert sondern in einem Schleifer singbar vorgetragen wissen: so
muß man die erste solcher vereinbarten Noten etwas stärker angreifen, die übrigen aber ganz gelind und immer etwas stiller daran schleifen.   Man versuche es
in den vorigen Beyspielen.   Man wird sehen, daß die Stärke bald auf das
erste, bald auf das andere oder dritte Viertheil, ja oft sogar auf die zwote Helf-
te des ersten, zwoten oder dritten Viertheils fällt.   Dieß verändert nun unstreitig
den ganzen Vortrag: und man handelt sehr vernünftig, wenn man diese und
dergleichen Passagen, sonderheitlich die vier und dreyßigste, anfangs recht
langsam abspielet; um sich die Art ieder Veränderung rechtschaffen bekannt,
nachdem aber erst durch eine fleißige Uebung geläufiger zu machen.

Des

Des siebenden Hauptstücks
zweyter Abschnitt.

Von der Veränderung des Bogenstriches bey Figuren, die aus unterschiedlichen und ungleichen Noten zusammen gesetzet sind.

§. 1.

Daß ein melodisches Stück nicht aus pur lauter gleichen Noten zusammen gesetzet ist, dieß weis ein ieder.   Man muß demnach auch lernen, wie man die aus ungleichen Noten zusammen gefügten Figuren nach der Anzeige eines vernünftigen Componisten (a) abspielen solle.   Es giebt derselben aber so viele, daß es nicht möglich ist sich aller zu erinnern.   Ich will, was mir beyfällt, gleich nach einander hersetzen.   Wenn ein Anfänger diese alle richtig wegspielet; dann wird er sich in andere dergleichen Sätze gar leicht zu finden wissen.   Hier sind sie.

her.   hin.   her.   hin.

2.

(a) Es giebt leider solche Halbcomponisten genug, die selbst die Art eines guten Vortrags entweder nicht anzuzeigen wissen, oder den Fleck neben das Loch setzen. Von solchen Stümpern ist die Rede nicht: in solchem Falle kömmt es auf die gute Beurtheilungskraft eines Violinisten an.

(c)

her.hin.   her.   hin. her.   hin.

8. (a)   (b)   (c)

her. hin.
Bey dem Punct wird der
Bogen aufgehoben.

Es wird ohne den Bogen
aufzuheben geschleifet und
anhaltend vorgetragen.

her. hin.
Nach dem Punct wird
die darauf folgende No-
te ganz spät genommen.

(b)

her.   hin.
Bey dem Punct wird der Bogen aufgehoben.

9. (a)   (b)

her. hin.   her.hin.   her.

10. (a)   (b)

11. (a)   (b)

her. hin.   her.   hin. her.

12. (a)   (b)

her.hin.her.   her. hin.
Bey dem Punct nicht abgestossen.

S 2   13.

34.

Hier werden mehrere Noten an einem Bogen=
striche vorgetragen.

§. 2.

Bey allen diesen **Passagen** und derselben Abänderung will ich, wie alle=
mal, die Gleichheit des Zeitmaases recht sehr empfohlen haben. Man kann
gar bald im Tempo irren: und man eilet nicht leichter, als bey den punc=
tirten Noten, wenn man die Zeit des Puncts nicht aushält. Man thut dem=
nach allezeit besser, wenn man die nach dem Puncte folgende Note etwas später
ergreift. Denn bey den Noten, die durch die Erhebung des Bogens abzustoß=
sen sind, wird der Vortrag lebhafter; wie bey N. 2. (c). N. 4. (a). und
(b). N. 8. (a). (c). und (b). N. 12. (a). N. 24. (a). und (b). N. 26.
allezeit bey der zwoten punctirten Note in (a). und (b). Bey geschleiften No=
ten hingegen wird der Vortrag nahrhaft, singbar und angenehm. Man muß
aber die punctirte Note nicht nur allein lange anhalten; sondern selbe etwas
stark angreifen, und die zwote verlierend und still daran schleifen, wie bey N. 8.
(b). N. 12. (b). N. 22. (b). und (c). und die erste punctirte Note in N. 26.
(a). und (b). Ferner in N. 29. (c). und in 30. (c).

§ 3.

Eben dieß muß man bey den Noten beobachten, die einen Punct nach
sich haben, auf welchen zwo geschwinde Noten folgen, die in einem Schlei=
fer zusammen kommen; wie z. E. in N. 15. bey (a). (b). und (c). N. 16.
(a). und (b). N. 18. (a). (b). und (c). N. 23. (a). und (b). N. 25.
(a). und (b). N. 27. (a). (b). und (c). Man muß allemal den Punct eher zu

lang als zu kurz halten. Dadurch wird dem Eilen vorgebogen: und der gute Geschmack wird befördert. Denn was man den Punct zu viel hält, das wird unvermerkt den folgenden Noten abgetragen. Das ist: sie werden geschwinder abgespielet.

§. 4.

Wenn die zwote Note punctirt ist; dann muß die erste schnell an die punctirte Note geschleifet, der Punct aber nicht durch einen Nachdruck, sondern durch ein sich verlierendes gelindes Anhalten nahrhaft vorgetragen werden: wie z. E. bey N. 34. und N. 10. in (a). und (b). geschieht. Bey N. 30. in (b). geschieht es zwar auch; allein nur zufälliger Weise. An sich selbst wird diese Figur so abgespielet, wie sie in (a). und (c). angezeiget ist: nur durch die Verziehung des Striches, welches den Vortrag ändert, fällt diese Figur in die Regel dieses Paragraphs.

§. 5.

Die erste von zwo, drey, vier oder noch mehr zusammen gezogenen Noten soll allezeit etwas stärker genommen und ein bißchen länger angehalten; die folgenden aber im Tone sich verlierend etwas später daran geschleifet werden. Doch muß es mit so guter Beurtheilungskraft geschehen, daß der Tact auch nicht im geringsten aus seiner Gleichheit geräth. Das etwas längere Anhalten der ersten Note muß durch eine artige Eintheilung der ein bischen geschwinder darangeschleiften Noten dem Gehör nicht nur erträglich, sondern recht angenehm gemacht werden. Also sind abzuspielen die Beyspiele N. 1. (a). N. 6. (b). und (c). N. 7. (a). und (c). N. 9. (a). und (b). N. 11. (a). und (b). N. 13. (a). (b). (c). und (d). N. 14. (a). N. 17. (a). und (b). N. 20. im zweyten Viertheile beeder Tacte. N. 22. (b). N. 28. (a). und (b). und N. 33. in (a). (b). und (c).

§. 6.

Eben also muß man, wenn ungleiche Noten in einem Schleifer zusammen treffen, die längere gar nicht zu kurz, ja eher etwas weniges zu lang aushalten, und solche Passagen nach der im vorhergehenden Paragraph angezeigten Art mit gesunder Beurtheilungskraft singbar abspielen. Dergleichen sind z. E. bey N. 2. in (b). und (c). N. 4. (a). und (b). N. 5.

(b)

(b). N. 7. (b).   N. 8. (c). und (b).   N. 13. (c). und (b).   N. 14. (b). N. 20. (b). und (c).   N. 21. (a). und (b).   N. 32. (a). und (b).

§. 7.

Man muß auch oft eine vorausstehende kurze Note an eine folgende lange ziehen. Wo die kurze Note allemal still genommen, nicht übereilet und so an die lange geschleifet wird: daß die ganze Stärke auf die lange Note fällt. Z. E. bey N. 1. in (b). vom (E) ins (F) und im zweyten Tacte vom (C) ins (D), bey N. 3. in (b). vom (D) ins (C), vom (B) ins (A) und vom (G) ins (F). N. 30. (b). vom (A) ins (F) u. s. f.

§. 8.

Dieß ist es nun was mir von solchen Paſſagen geschwind beyfällt. Eine fleiſſige Uebung dieser wenigen Beyspiele wird einem Anfänger schon sehr nützlich seyn. Er wird dadurch eine Fertigkeit erhalten alle andere dergleichen Figuren und Abänderungen, nach der Vorschrift eines vernünftigen Componiſten, mit Tempo, Geist und Ausdruck richtig und rein wegzuspielen, und den Strich nach belieben zu wenden, zu ändern und so zu führen: daß, wenn auch, dem Striche nach, die verwirrteſten Gänge vorkommen, er doch alles ganz leicht nach der im vierten Hauptſtücke angebrachten Lehre wieder in Ordnung bringen wird.

Das

Das achte Hauptstück.
Von den Applicaturen.

Des achten Hauptstücks
erster Abschnitt.
Von der sogenannten ganzen Applicatur.

§. 1.

Es liegt in der Natur der Violin, daß, wenn man auf der (E) Sey=
te über die Note (B) ▬ weiter hinauf greift, allezeit noch gute Tö=
ne können hervorgebracht ▬ werden: welches auch von den übrigen 3.
tiefern Seyten zu verstehen ist. Wenn nun heut zu Tage in den musikalischen
Stücken durchgehends über die gewöhnlichen 5. Linien noch andere 2. 3. 4.
und noch mehr deren gesehen werden: so muß nothwendig auch eine Regel seyn,
nach welcher die darüber gesetzten Noten müssen abgespielet werden. Und dieses
ist es was man Applicatur oder auch Application nennet.

§. 2.

Drey Ursachen sind, die den Gebrauch der Applicatur rechtfertigen.
Die Nothwendigkeit, die Bequemlichkeit, und die Zierlichkeit. Die
Nothwendigkeit äussert sich, wenn mehrere Linien über die 5. gewöhnlichen
gezogen

gezogen sind. Die Bequemlichkeit erheischet den Gebrauch der Applicatur bey gewissen Gängen, wo die Noten so aus einander gesetzet sind, daß sie ohne Beschwerniß anders nicht können abgespielet werden. Und endlich bedienet man sich der Applicatur zur Zierlichkeit, wenn nahe zusammen stehende Noten vorkommen, die cantabel sind, und leicht auf einer Seyte können abgespielet werden. Man erhält hierdurch nicht nur die Gleichheit des Tones; sondern auch einen mehr zusammen hangenden und singbaren Vortrag. Beyspiele hiervon wird man in der Folge dieses Hauptstückes sehen.

§. 3.

Die Applicatur ist dreyfach: Die ganze Applicatur; die halbe Applicatur; und die zusammen gesetzte oder vermischte Applicatur. Vielleicht sind einige, welche diese meine dritte Application als etwas überflüssiges ansehen: weil sie von der ganzen und halben zusammen gesetzet ist. Allein ich weis gewiß, man wird sie bey genauerem Einsehen, nicht nur nützlich, sondern auch nothwendig finden.

§. 4.

In gegenwärtigem Abschnitte ist die Rede von der gewöhnlichen, oder sogenannten ganzen Applicatur. Da man nämlich die Note (a) auf der (E) Seyte, welche sonst mit dem dritten Finger gegriffen wird, itzt mit dem ersten Finger beleget: um die über das gewöhnliche (B) noch höher hinaufgesetzten Noten mit dem zweyten dritten und vierten Finger abspielen zu können. Man muß also dieß kleine Alphabet üben,

in welchem man bey der Note (a) ✳ den ersten Finger wieder nimmt, den man erst bey der (f) Note hatte. Der gewöhnliche Weidspruch heißt: Das Aufsetzen. Man pflegt nämlich zu sagen: Hier muß man mit dem ersten Finger aufsetzen; oder vielmehr: den ersten Finger aufsetzen.

§. 5.

Diese Art die Finger aufzusetzen nennet man die gewöhnliche oder ganze Applicatur: weil sie den allgemeinen Violinregeln am nächsten kömmt. Der erste und dritte Finger wird allemal bey den Noten gebraucht, die auf den Linien stehen; der zweyte und vierte hingegen trift auf jene Note, die den Zwischenraum ausfüllen.   Man erkennet folglich hieraus am geschwindesten, wenn man sich dieser Application bedienen muß.   Wenn nämlich die oberste oder höchste Note im Zwischenraum stehet, ist es fast allezeit ein untrügliches Zeichen, daß keine andere als die ganze Applicatur statt habe.

§. 6.

Es kommen aber oft springende Noten vor; das ist: solche Noten die sehr weit auseinander stehen, wo man von der (E) Seyte gleich in die (D) und auch gar in die (G) Seyte hinabspringen, und auch gleich wieder zurück gehen muß.   Nicht weniger giebt es geschwinde Noten, die von der Höhe in die Tiefe und von der Tiefe in die Höhe so schnell fortlaufen, daß man sie ohne dem Gebrauche der Application kaum heraus bringen kann.   Man muß demnach die Applicatur auf allen 4. Seyten zu gebrauchen wissen, und folglich das hier beygerückte Alphabet rein abspielen lernen.

Das (c) auf der (G) Seyte (*) wird anstatt mit dem dritten ißt mit dem ersten Finger genommen; die Hand bleibt alsdann unverrückt in dieser Stellung; man höret folglich keine leere Seyte mehr: weil man die sonst leeren Seyten mit dem zweyten Finger auf der tiefern Nebenseyte nimmt.   Z. E.

§. 7.

§. 7.

Man kann ſich zu dieſer Applicatur nicht eher geſchickt machen, als wenn man die nächſten beſten Stücke, die man ſonſt platt wegſpielet, zur Uebung durchaus in der Applicatur abgeigt. (a) Man macht ſich dadurch die Lage der Finger rechtſchaffen bekannt; und man erhält eine ungemeine Fertigkeit. Es iſt nicht gar ſchwer, wenn man ſich nur ein wenig Mühe geben will: denn man kann die Lage der Finger in dem Alphabet nachſuchen.

§. 8.

Wenn in einer Paſſage die höchſte Note das hohe (b) nur um einen Ton überſteiget, folglich nicht weiter als ins (e) geht; ſo bleibt man bey dieſer ganzen Applicatur, und nimmt die Note (e) mit dem vierten Finger. In ſolchem Falle wird oft der vierte Finger zweymal nach einander gebraucht. Hier ſind Beyſpiele:

Man

(a) Man nehme nur gleich die im vierten Hauptſtücke nach §. 39. kommenden Stücke; und ſpiele ſie in der Applicatur.

Man muß aber bey dem Vorwärtsrücken des kleinen Fingers nicht auch die ganze Hand, folglich alle Finger vorwärts mit bewegen; sondern man muß die Hand unverrückt in ihrer Lage lassen, und nur den vierten Finger allein aus= strecken. Dieß geschieht am füglichsten, wenn man den Finger, mit dem man die unmittelbar vor dem (e) stehende Note greift, stark niederdrückt, und bey dem Ausstrecken des vierten Fingers nicht aufläßt. Im ersten Beyspiele ist es der zweyte Finger *, im zweyten Exempel ist es der erste *, und in dem dritten ist es der dritte * Finger.

§. 9.

Sind mehrere Noten über die Note (b) hinauf gesetzet; so muß die Hand geändert werden. Bey gleichen Ton für Ton nach einander immer aufsteigen= den Noten, die sich im (a) mit dem ersten Finger anfangen, wechselt man alle= mal den ersten und zweyten Finger. Z. E.

Und sind es zwar aufsteigende Noten, die doch vorher noch allezeit um eine Sechste zurück tretten; so fängt man eine solche Passage gemeiniglich auch allemal mit dem ersten Finger an. Z. E.

Doch muß man wohl darauf sehen, ob die Passage noch weiter in die Höhe fortschreitet, oder ob sie nicht vielmehr wieder zurück gehet? ob man den ersten Finger noch einmal hinauf setzen muß, oder ob man die höchste Note mit dem vierten Finger erreichen kann? Es würde gefehlet seyn, wenn man in dem ersten Beyspiele die Note (g) (*) mit dem ersten Finger nehmen wollte: weil man vorsieht, daß der dritte und vierte Finger die zwo höchsten Noten ohnedem

schon

schon erreichen; die Paſſage aber bey den zwo Viertheilnoten (f) und (e) wieder zurück kehret. Und eben deßwegen würde es auch ein Fehler ſeyn, wenn man im zweyten Exempel die (d) Note (*) mit dem erſten Finger greifen, und alſo die Hand noch einmal hinauf rücken wollte: da die Paſſage im fünften Tacte nimmer hinauf, ſondern herab gehet.

§. 10.

Und wenn ſie auch ſo gar noch um eine Note höher ſteiget, daß, dem Anſehen nach, oder eine neue Fortſetzung der Applicatur, oder ein fünfter Finger erfordert würde; die Paſſage aber nach ſolcher Note gleich wieder herab gehet: ſo läßt man die Hand in ihrer Lage, und nimmt die oberſte oder höchſte Note mit dem vierten Finger.

Der vierte Finger wird oft zweymal nacheinander gebraucht. Man muß aber auch hier dasjenige wohl beobachten, was erſt am Ende des §. 8. iſt erinneret worden.

§. 11.

Es fangen ſich aber eben nicht alle Paſſagen mit dem erſten Finger an. Bey vielen muß man den dritten Finger hinauf ſetzen, und mit Abwechſelung des dritten und vierten Fingers fortſchreiten. 3. E.

§. 12.

Viele fangen ſich mit dem zweyten Finger an; das iſt: man ſetzet den zweyten Finger zuerſt hinauf, und wechſelt immer mit dem zweyten und dritten ab, zum Er.

Man könnte freylich ſchon bey der (a) Note mit dem erſten Finger hinauf ge= hen: allein weil die Abwechſelung des zweyten mit dem dritten Finger viel or= dentlicher und natürlicher läßt; ſo fährt man beſſer bey der (b oder h) und (c) Note in der Höhe mit dem zweyten und dritten Finger fort, wie man es unten in der natürlichen Lage bey den Noten (g) und (a) angefangen hat. Ja wenn es in ſolcher Ordnung noch weiter über die (b) Note hinauf geht: ſo muß man allemal mit dem zweyten und dritten Finger abwechſeln. Z. E.

§. 13.

Es giebt Paſſagen, die ohne den Gebrauch der Applicatur ſehr ungelegen zu ſpielen ſind; die hingegen in der Applicatur ſchon, ſo zu reden, in der Hand liegen. Bey ſolchen Paſſagen bedienet man ſich der Applicatur theils zur Nothwendigkeit, theils zur Bequemlichkeit. Z. E.

§. 14.

§. 14.

Viele Doppelgriffe ſind nicht anders, als in der Applicatur abzuſpielen.

3. E.

Man könnte zwar in dem gegenwärtigen Beyſpiele das zweyte und dritte Vier=
theil des erſten Tactes ohne Applicatur abgeigen; allein man muß wegen der
Folge in der Applicatur bleiben: denn alles unnöthige hin und her rücken mit
der Hand muß man ſorgfältigſt vermeiden.

§. 15.

Gar oft muß man bald mit dem erſten, bald mit dem zweyten, dritten,
oder auch mit dem vierten Finger auf gerathe wohl in die Applicatur hinauf
gehen. Es erfordert alſo eine ſtarke Uebung, daß man die Töne allemal rein
erwiſche, und weder zu hoch, noch zu tief greife. Man übe ſich demnach in
den folgenden und dergleichen Gängen:

§. 16.

So lang es immer nöthig iſt, muß man in der Applicatur bleiben.
Man muß ſich beſtändig vorſehen, ob nicht ein oder die andere hohe Note,
oder auch ein anderer Gang vorkömmt, ſo den Gebrauch der Applicatur er=
heiſchet?

U 2

heischet? Ist man nun aber der Applicatur nimmer benöthiget; so muß man nicht augenblicklich über Hals und Kopf herab rennen; sondern eine gute und leichte Gelegenheit abwarten auf eine solche Art herunter zu gehen, daß es die Zuhörer nicht bemerken. Dieses geschieht am füglichsten, wenn man eine Note abwartet die mit der leeren Seyte kann genommen werden: wo man unter dem Abspielen derselben gar bequem kann herunter gehen (*).

§. 17.

Es läßt sich auch sehr leicht herab kommen, wenn man gleiche Gänge mit gleichen Fingern abgeigt. Das Beyspiel wird es verständlicher machen.

Man kömmt hier bey der Note (g) herunter. Es ist ein natürlicher Gang, der sehr bequem in die Hand fällt: weil die Abwechselung des zwenten mit dem ersten Finger öfter nach einander vorkömmt, und das Zurückgehen der Hand erleichtert. Man mag diese Passage nicht ohne Nutzen nach und nach geschwinder üben.

§. 18.

Wenn zwo Noten in einem Tone stehen; so hat man ebenfalls sehr gute Gelegenheit herab zu gehen. Man muß aber die erste Note in der Applicatur, die zwote in der natürlichen Lage nehmen. Z. E. (*)

Auf

Auf diese Art wird man die schon oben in der Applicatur gehörte Note bey der darauf erfolgten Veränderung nicht so leicht falsch greifen; sondern den vierten Finger in diesem Beyspiele so viel sicherer auf das zwente (b oder h) legen: weil der zweyte Finger den Ort vorher in der Application schon angewiesen hat.

§. 19.

Nach einem Puncte kann man auch gar füglich herunter gehen.

Bey dem Puncte wird der Bogen aufgehoben, und inzwischen die Hand herab gerücket, folglich die Note (f) in der natürlichen Lage genommen. (*)

§. 20.

Damit man sich aber in dieser ganzen Applicatur auf unterschiedliche Art hinauf und herab zu gehen recht gefaßt mache; so will ich ein Beyspiel hersetzen, welches man nach der beygefügten Vorschrift, rechtschaffen üben muß.

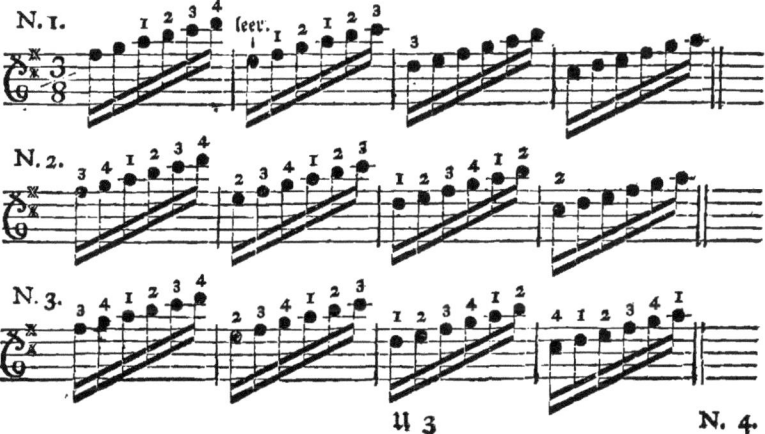

U 3   N. 4.

Die erste Art dieser Paffage abzuspielen ist nur zur Uebung hergesetzet: damit ein Anfänger durch das Abspielen dieses und anderer solchen Beyspiele eine Leichtigkeit im Hinauf= und Herabgehen bekomme.   Denn das Herabgehen bey der (e) Note im ersten Viertheile des zweyten Tactes ist unnöthig: weil man bey dem (♮ oder ♭) im dritten Viertheile des nämlichen zweyten Tactes wieder hinauf gehen muß.   Es ist also nur ein Exempel zur Uebung.   Die Abänderung N. 2. ist schon besser.   Man fängt gleich in der Applicatur an, und bleibt in der Höhe bis in den vierten Tact: wo man bey der ersten Note des vierten Tactes (c) in die natürliche Lage zurück geht.   Die Veränderung N. 3. mag man zur Uebung durchaus in der Applicatur abspielen.   N. 4. hingegen ist die beste und auch die gewöhnlichste Art.   Die zwey ersten Tacte werden in der Applicatur gespielet; die erste Note des dritten Tactes bleibt noch in der Applicatur; bey der zwoten aber als dem (e) leer kömmt man herab, und das übrige wird in der gewöhnlichen Lage ohne Application abgezeigt.

Des achten Hauptstücks
zweyter Abschnitt.
Von der halben Applicatur.

§. 1.

Die halbe Applicatur oder Application heißt es: wenn man die Note (c) auf der (A) Seyte, und die Note (g) auf der (E) Seyte, die man sonst mit dem zweyten Finger greift, mit dem ersten Finger nimmt; um mit dem vierten Finger die (c) Note auf der (E) Seyte zu erreichen. Man nennet es die halbe Applicatur: weil es nicht nach der gewöhnlichen Regel geht. In der ganzen Applicatur werden die Noten, welche auf den Linien stehen, gleichwie in der gemeinen und gewöhnlichen Musikstiege mit dem ersten oder dritten; in dieser halben Application hingegen mit dem zweyten oder vierten Finger genommen. Nach der gewöhnlichen Spielart werden die Noten, so den Zwischenraum ausfüllen mit dem zweyten und vierten Finger gegriffen; itzt greift man sie mit dem ersten und dritten. Hier ist das Alphabet. Man übe es fleißig, und vergesse nicht das (♮ oder natürliche ♭) (✻) fein rein, und nicht zu nieder zu greifen; das (c) ✻ aber gleich mit dem vierten Finger daran zu fügen. Eben dieß hat man bey den Noten (e) und (f) mit dem dritten und vierten Finger auf der (A) Seyte zu beobachten ✻.

§. 2.

Gleichwie sich die ganze Applicatur auf alle Seyten erstrecket; eben so wird auch die halbe Application auf allen Seyten gebraucht. Man muß aber sonder-

sonderheitlich den dritten Finger recht sehr beobachten: denn man läuft Gefahr immer mit demselben falsch zu greifen.   Hier ist das Alphabet durch alle Seyten.

Damit man dem Falschgreifen mit dem dritten Finger vorbiege, so kann man den mit dem dritten Finger in der Applicatur gegriffenen Ton gegen die vorwärts nebenbey liegende höhere und leere Noten versuchen: Z. E.

§. 3.

Diese halbe Applicatur wird meistentheils in Stücken gebraucht, die im (C) oder (E), mit der grössern oder kleinern Terze, denn auch bey denen, so im (F) (B) und (A) gesetzet sind; und zwar bey diesen letztern, wegen der Ausweichung in die Nebentöne.   Man hat hauptsächlich zu beobachten: ob der Gang einer Passage das obere (c)   nicht überschreite? ob das mittlere (c)   auch vorhanden sey? und   ob die Quint hiervon, nämlich das (g)   auch noch dazu im Satze vorkomme? Bey diesen drey Fällen ist die   halbe Applicatur schier allemal nothwendig.   Hier ist ein Beyspiel:

§. 4.

§. 4.

Auch in der halben Applicatur kann man mit dem zweyten Finger oft, eben so hinauf gehen, wie es in der ganzen Application geschieht; wovon §. 12. im vorigen Abschnitte ist gesprochen worden. Besonders wenn die Passage etwas weiter hinauf läuft: dann ist die Abwechselung des zweyten und dritten Fingers nothwendig. Z. E.

§. 5.

Mit dem ersten Finger ergiebt es sich sonderheitlich in Passagen, die im (E) gesetzet sind. Z. E.

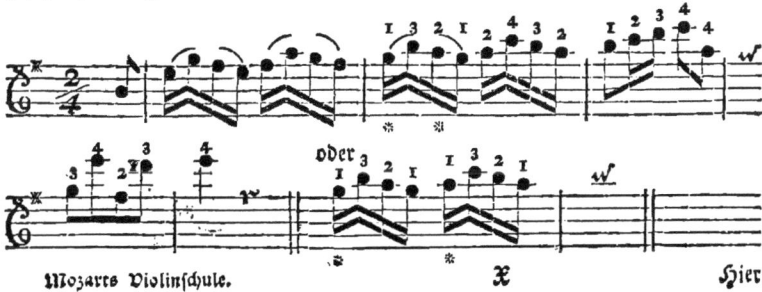

Hier wird Schritt vor Schritt mit dem ersten Finger hinauf gegangen. In dem folgenden Beyspiele aber, wo die obere Note allemal um eine Sechst zurück springet, wird iede Note unten mit dem ersten Finger um eine Terze höher angefangen.

§. 6.

Alle dergleichen Gänge sind leicht abzuspielen; wenn man nur geschwind beobachtet: ob die öberste und unterste Note eine Octav von einander abstehen. In der ganzen Applicatur kennt man es: wenn die untere Note auf der Linie stehet; die obere hingegen in dem Zwischenraume gesetzet ist. Man sieht es gleich im ersten Viertheile des §. 9. im vorigen Abschnitte angebrachten zweyten Exempels bey (d) (f) (a) und (b). In dieser halben Applicatur geschieht iust das Widerspiel. Die untere Note stehet allezeit im Zwischenraume; die obere hergegen allemal auf der Linie. Wir sehen es in dem erst oben angeführten Beyspiele (c) (e) (g) (c) und denn so fort.

§. 7.

Man muß aber auch in dieser halben Applicatur, so wie in der ganzen, auf die Höhe einer Passage sehen: ob nämlich der Gang noch höher hinauf gehet, oder ob man die höchste Note ohnedem schon erreichen kann? Man lese nur was im vorigen Abschnitte am Ende des §. 9. ist erinnert worden: denn eben dieß hat man auch in dieser Applicatur genau zu beobachten; wenn man sich anders mit den Fingern nicht versteigen will.

§. 8.

Nicht weniger wird auch in dieser Application bald mit dem ersten, bald mit dem zweyten, dritten oder vierten Finger schnell und auf gerathe wohl hinauf gegangen. Hier sind die Beyspiele davon:

§. 9.

§. 9.

Ganz gemeine Gänge werden oft der Bequemlichkeit wegen in dieser halben Applicatur abgespielet.   3. E.

Man thut aber am allerbesten, wenn man auch den ersten Tact gleich in der Applicatur anfängt.   3. E.

§. 10.

In langsamen Stücken wird manchmal der vierte Finger nicht aus Nothwendigkeit, sondern des gleichen Tones wegen, folglich Zierlichkeit halben gebraucht.   3. E.

X 2

Die

Die halbe Note (f) könnte freylich wohl auf der (E) Seyte mit dem erſten Finger genommen werden. Allein da die (E) Seyte gegen der (A) Seyte gar zu
ſcharf klinget; ſo wird der Ton gleicher, wenn man das (f) zwar mit dem vierten Finger nimmt, doch die Hand unverrückt in ihrer Lage läßt, und alſo auch
die Note (e) mit dem vierten Finger greift. Ja die Paſſage hängt mehr zuſammen, und wird ſingbarer.

§. 11.

Bey Doppelgriffen wird die halbe Applicatur theils aus Nothwendigkeit, theils aber auch aus Bequemlichkeit gebraucht. Man ſehe das
Exempel:

§. 12.

Viele Gänge, die der halben Applicatur vollkommen eigen zu ſeyn
ſcheinen, können und müſſen manchmal in der ganzen Application geſpielet
werden. 3. E.

Das erſte Beyſpiel läßt ſich zwar auch in der halben Applicatur abſpielen.
Das zweyte hingegen will einmal vor allemal in der ganzen Applicatur ab-
gegeigt ſeyn.

§. 13.

§. 13.

Wenn in einer Paſſage die Note (c) auf der (E) Seyte nur allein, und zwar in einem Terz, Quart, Quint und Sechſtſprunge vorkömmt: ſo bedienet man ſich nicht allezeit der Applicatur; ſondern man läßt oft die Hand in der natürlichen Lage, und nimmt die (c) Note mit Ausſtreckung des vierten Fingers. 3. E.

Manchmal kömmt ſo gar, und zwar in eben nicht gar langſamen Stücken, der vierte Finger zweymal. 3. E.

Und viele Stücke können entweder in der Applicatur, oder auch ohne Application abgeſpielet werden. Hier iſt ein Beyſpiel. Man ſpiele es in der halben Applicatur: man übe es aber auch ohne Application; in welchem Falle man eben dasjenige zu beobachten hat, was im §. 8. des vorigen Abſchnittes iſt erinnert worden.

§. 14.

Bey dem Zurückgehen aus dieſer Applicatur in die natürliche Fingerlage hat man eben aufiene Regeln zu ſehen, die ich im §. 16. 17. 18. und 19. des vorigen Abſchnittes vorgeſchrieben habe. Es iſt überhaupts leichter aus dieſer Applicatur herab zu kommen: weil ſie näher an der Fingerlage der gewöhnlichen Spielart liegt als die ganze Applicatur, welche um eine ganze Terze erhöhet iſt; da die halbe Application nur um einen Ton höher ſtehet. Aus

X 3   eben

eben der Ursache kann man allenfalls bey geschwinden fortlaufenden Noten, bey ieder Note herab gehen.   Ich will eine einzige Passage zum Grunde legen; man übe sie nach der Vorschrift: so wird man aufgelegt bey ieder Note nach Belieben herab zu gehen.

Dieß spiele man ganz in der halben Applicatur.

Es liegt klar vor Augen, daß bey N. 1. schon bey der zwoten Note herabgegangen wird; folglich wird der vierte Finger zweymal genommen. Bey N. 2. bekommt man den dritten Finger zweymal, und geht im (a) zurück. Bey N. 3. trifft es auf die (g) Note mit dem zweyten Finger. Bey N. 4. tritt man bey dem zweyten (a) zurück. Bey N. 5. kommt man im (g) des zweyten Viertheils; Bey N. 6. aber im (f) herab. Und endlich bey N. 7. nimmt man die
erste

erste Note (f) des zweyten Tactes in der natürlichen Lage. Vor allem aber muß man auf die beygesetzte Strichart sehen. Man muß allemal die Noten dort zusammen zu schleifen anfangen, wo man von der Applicatur in die gewöhnliche Fingerlage zurück geht; um hierdurch das Ohr der Zuhörer zu betriegen: damit sie nämlich die Abänderung und das schnelle Herabgehen der Hand nicht bemerken. Eben so kann man auch den ersten Tact völlig in der halben Applicatur abspielen, und erst im zweyten Tacte auf so vielerley Art herunter gehen, als man im ersten Tacte zurück gegangen ist. Ich will es, doch nur zur Uebung, hersetzen, und alsdann zur vermischten Applicatur schreiten.

Des achten Hauptstücks
dritter Abschnitt.
Von der zusammengesetzten oder vermischten Applicatur.

§. 1.

Die zusammengesetzte oder vermischte Application will ich iene Art des Spielen nennen, wo bald die ganze bald die halbe Applicatur, itzt zur Nothwendigkeit, itzt zur Bequemlichkeit, und itzt zur Zierlichkeit nach Erforderung der Umstände gebraucht wird. Man könnte hiervon unzehliche Beyspiele beybringen; die aber einem fleissigen Violinisten, bey vor die Handnehmung unterschiedlicher musikalischer Stücke, auch von verschiedener Art vor Augen kommen werden. Wer wollte doch alle die oft recht mit vieler Mühe ausstudierten Passagen hersetzen? Giebt es denn nicht Violinisten, welche in die von ihnen selbst zusammengeschmierten Solo oder Concerte alle nur erdenkliche Gauckeleyen einflicken? Giebt es nicht andere, die mit den unverständlichsten Passagen alle Tonleitern durchwandern; die unverhoftesten, seltsamesten und wunderschönsten Bocksprünge anbringen; ja solche widrige Gänge unter einander mischen, die weder Ordnung noch Zusammenhang haben. Die Regeln die ich hier geben kann sind mehrentheils auf ordentliche gut gesetzte Compositionen gerichtet. Die Beyspiele sind plattweg und einfältig hingeschrieben, und ein und anderes aus guten Concerten entlehnet.

§. 2.

Wenn eine Passage nur um einen Ton steigend oder fallend wiederholet wird; so pflegt man sie allemal mit den nämlichen Fingern abzuspielen, die man bey dem Vortrage derselben anfangs hatte: absonderlich wenn der Gang

eine

eine ganze Octav durchläuft, oder wenigstens der erste und vierte Finger bey der Passage nothwendig ist. Z. E.

Die Finger werden durch die Zahlen sowohl in diesem als in allen den nachfolgenden Beyspielen nur das erstemal durch die ganze Passage angezeiget; in der Folge hingegen wird nur iene Note bemerket, wo man den Finger auffsetzet, oder wo man mit der Hand wieder zurück geht. Hier ist noch ein dergleichen Exempel; in welchem man mit dem zweyten Finger hinauf und herab zu gehen anfängt (*).

§. 3.

Manchmal wird eine Passage in dem nämlichen Tone wo man sie ausläßt wieder angefangen; nur daß ein anderer Finger genommen wird. Z. E. (*)

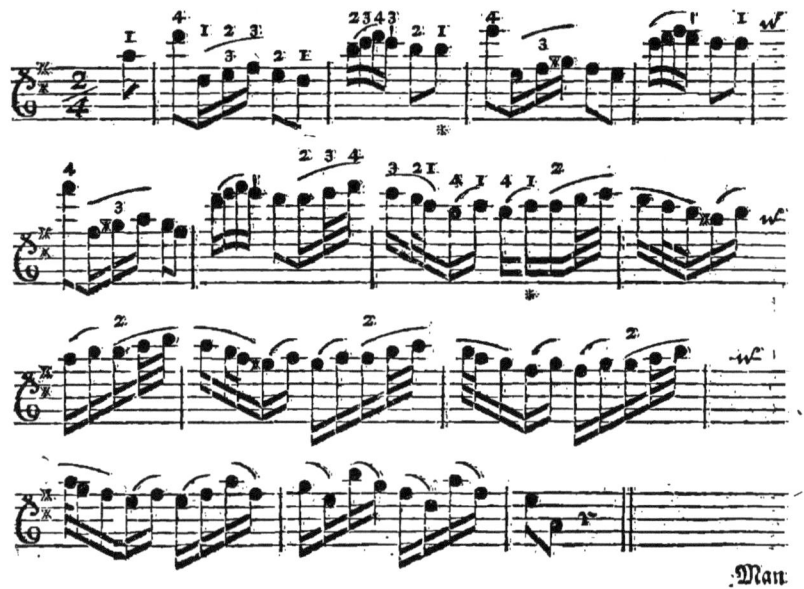

:Man

Man kann aber auch so herunter gehen. Z. E.

§. 4.

Sehr oft bleibt zwar die nämliche Passage: sie geht aber nicht Stuffenweise hinauf; sondern durch Sprünge. Z. E.

Auf der (A) Seyte.

§. 5.

§. 5.

Es giebt aber auch Paſſagen, in welchen die Töne nicht durch eine or=
dentliche Abwechſelung der Finger können genommen werden.   Dieſe ſind die
ſchwereſten Paſſagen.   Man muß die darinnen vorkommenden Noten theils
durch gähes Hinauffahren mit der Hand, theils durch Ausſtreckung der Finger,
meiſtentheils auf gerathe wohl erwiſchen.   Wer nun etwas beſonders auf der
Violin in ſchweren Stücken mit der Zeit zu Tage legen will, der muß ſich von
guten Meiſtern Concerte anſchaffen, ſolche wohl ausſtudiren und fleiſſig üben.
Ich will ein paar Beyſpiele herſetzen.

Man kann aber auch bey der halben Note des zweyten Tactes (*) mit dem
Finger in die ganze Applicatur zurück gehen. Z. E.

Wer eine groſſe Fauſt hat thut ſehr gut, wenn er in der ganzen Applicatur
bleibt, und durch Ausdehnung der Hand mit dem dritten Finger die Note (d)
mit dem vierten aber die (f) Note nimmt. Z. E. (**)

Man

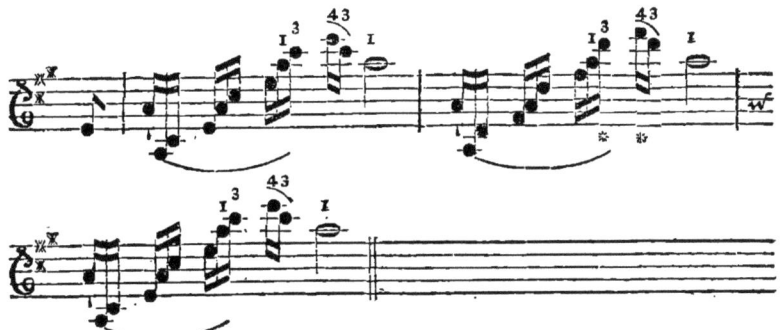

Man mag aber auch so gar mit dem zweyten Finger in die (b) Note springen; ja eine grosse Hand mag sie, ohne den ersten Finger von der (a) Note wegzulassen, erreichen. Ich setze dergleichen Dinge zur Uebung her. Man lernet dadurch die Finger wohl ausstrecken: und wenn man eine Passage auf vielerley Art abzuspielen übet; so setzet man sich in mehrere Sicherheit sie auf eine oder die andere Art richtig heraus zu bringen.

Hier sind noch andere dergleichen Beyspiele:

Diese Passage fängt sich auf der (D) Seyte an.

Gesetzter Weise nun aber man spielete das erste Viertheil des ersten und zweyten Tactes ohne Applicatur in der natürlichen Lage; so muß man dennoch nicht ins Stecken gerathen: Z. E.

Und

Und warum soll man es denn nicht auch auf die folgende Art üben? Es geschieht nicht ohne Nutzen, wenn man also fortfährt:

Oder auch endlich gar so:

Man thut freylich am besten, wenn man in der Applicatur bleibt. Die erste Vortragsart dieser Passage ist also die natürlichste: allein die übrigen muß man des Nutzens halben üben. Denn manchmal sind dergleichen gähe Sprünge unentbehrlich: Und wie geschieht alsdann einem der sie nicht geübet hat? Eben so geht es mit der Ausdehnung der Finger. Hier sind noch Beyspiele zur Uebung.

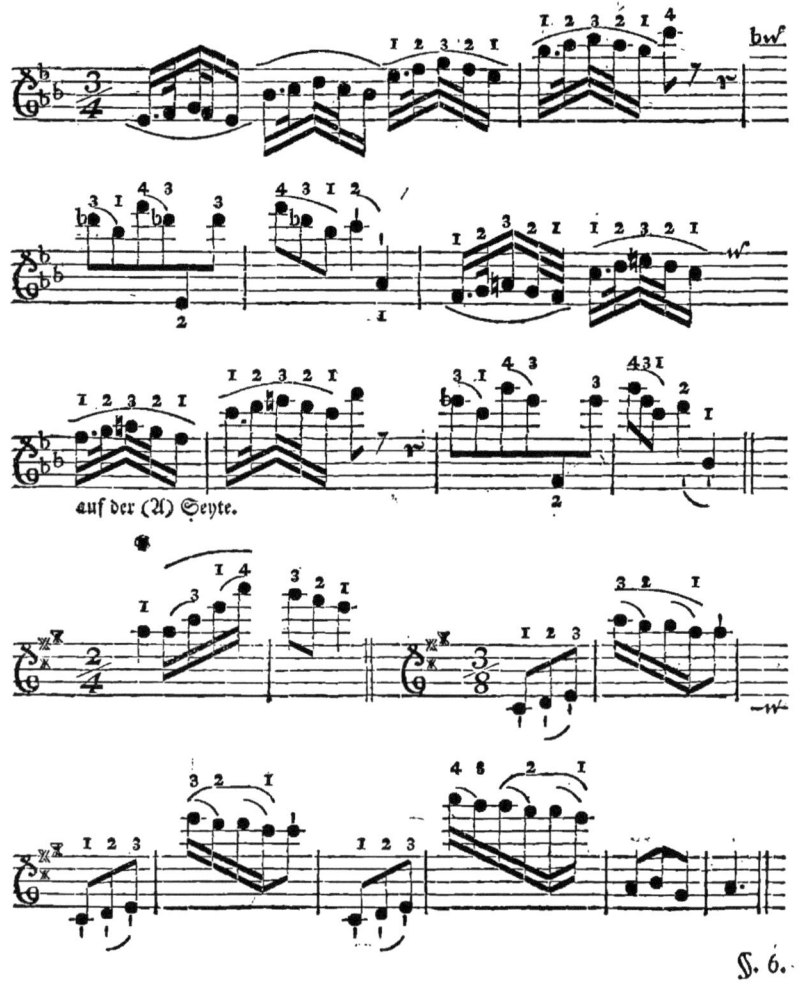

auf der (A) Seyte.

§. 6.

§. 6.

Gleichwie man in allen Gattungen der Applicatur den vierten Finger oft sehr ausstrecken muß; eben so muß man in der vermischten Applicatur auch oft den ersten Finger zurück ziehen, ohne die Lage der übrigen Finger zu ändern. Hierbey hat man sonderheitlich auf den vierten Finger zu sehen, den man stark niederdrücken, und nicht aufheben muß; wenn sich gleich der erste Finger abwärts beweget. Man besehe ein Beyspiel:

§. 7.

Die Tonart, in welcher eine Passage gesetzet ist, muß man hauptsächlich beobachten. Und gleichwie eine Passage entweder in einer Tonart bleibt, oder in die Nebentöne austritt; eben so muß man die Hand nach Veränderung der Umstände bald ändern bald liegen lassen. Es liegt aus den beygebrachten Exempeln klar zu Tage: daß man meistentheils auf die höchste Noten den vierten, auf die unterste aber den ersten Finger bringen muß. Man muß demnach die übrigen Finger darnach einrichten. Wenn man nur auf den Umfang der Octav sieht; so ist es gar nicht schwer. Z. E.

Ich will noch ein paar Beyspiele hersetzen, und zu mehrerer Deutlichkeit dieselben am Ende in etwas erklären.

In dem ersten Beyspiele nimmt man, nach der Regel, die oberste Note (f) im dritten Tacte mit dem vierten Finger; man ändert aber schon im dritten Viertheile eben dieses Tactes die ganze Hand, und man beweget sie abwärts: weil

Z 2

weil die Paſſage im (a) ſchlieſſet; wozu der erſte Finger, um die übrigen No=
ten mit Bequemlichkeit zu nehmen, unumgänglich nothwendig iſt.

Im zweyten Exempel wechſelt man im letzten Viertheile des erſten Tactes
mit dem zweyten und dritten Finger, und rücket mit der Hand hinauf, um
die höchſte Note (a) richtig zu nehmen: im Zurückgehen hergegen ſpringet man
allezeit mit dem erſten Finger auf die unterſten Noten (e) (c) und (a) zurück.

Die oberſte Note im dritten Beyſpiele wird abermal mit dem vierten
Finger genommen, und man geht, ohne die Lage der Hand zu ändern, aus
dem (c) durch die kleine Septime ins (f). Weil aber der erſte und zweyte
Tact auch noch anders kann geſpielet werden: ſo will ich es zur Uebung her=
ſetzen.

In dem vierten Exempel wird bey dem mittleren und hohen dis der erſte
Finger gebraucht, das Hinaufgehen dadurch zu erleichtern, und durch das Aus=
ſtrecken des vierten Fingers die höchſte Note zu erreichen. Da aber bey der
vorletzten Note der erſte Finger muß genommen werden; denn ſie iſt bey dem
Schluße der Paſſage die tiefere Note: ſo wird bey dem Hinaufgreifen mit dem
vierten Finger keinesweges die ganze Hand nachgerücket; ſondern der vierte Fin=
ger wird nur ausgeſtrecket, und dis (a) Note mit dem vierten, die (f) Note
aber wieder mit dem dritten Finger genommen.

§. 8.

§. 8.

Es giebt noch Zufälle, wo die vermischte Applicatur unentbehrlich ist. Z. E. Bey Doppelgriffen kann man sie manchmal nicht vermeiden. Hier ist ein Beyspiel:

§. 9.

Auch in den Doppelgriffen wird oft der vierte Finger ausgestrecket; die Hand bleibt aber unverrückt in ihrer Lage. **Z. E. (*)**

Die untern Noten werden durchaus ohne Applicatur gespielet.

§. 10.

Es wird auch der erste Finger abwärts beweget; wo dann der dritte oder vierte Finger liegen bleiben, oder an seinen Ort richtig gebracht werden, oder auch in der Folge nachgerücket werden muß. **Z. E.**

Hier bleibt der vierte Finger oben liegen.

Man muß hier den vierten Finger rein hinaufzusetzen sich befleißigen.

Der dritte Finger wird nachgerücket.

§. 11.

Ja, man muß manchmal zweene Finger wegstrecken, die Hand aber nicht ändern. Wie z. E. in den folgenden zweyen Beyspielen der zweyte und vierte Finger aus der Applicatur ganz allein hinauf in eine andere, und dann gleich wieder zurück gehen; der erste Finger aber immer in seiner Lage bleibt.

§. 12.

§. 12.

Bey einer oder zwo Noten läßt sich in Doppelgriffen oft die leere Seyte brauchen: allein wenn ich die Wahrheit sagen will, so gefällt es mir nicht sonderlich. Die leeren Seyten sind gegen den gegriffenen im Klange zu sehr unterschieden, und eben die daraus entstehende Ungleichheit beleidiget die Ohren der Zuhörer. Man versuche es nur selbst. Hier ist ein Exempel.

§. 13.

Man bedienet sich aber auch der vermischten Applicatur zur Bequemlichkeit: um nämlich alles näher aneinander in die Hand zu bekommen, und dem unnöthigen Auf= und Absteigen vorzubiegen. Z. E.

§. 14.

Viele Paſſagen könnte man zwar ohne den Gebrauch der Application platt wegſpielen. Allein der Gleichheit des Klanges zu Lieb braucht man die Applicatur: folglich aus Zierlichkeit. Z. E.

Man könnte hier ſchon bey der (g) Note (*) herabkommen: allein man bleibt nicht nur da oben; ſondern, nachdem man im fünften Tacte herab gegangen iſt, ſo geht man im ſechsten Tacte wieder hinauf. Eben dieß geſchieht im ſiebenden und achten Tacte. Da nun, vom vierten Tacte an, alles auf einer Seyte geſpielet wird; ſo erhält man durch dieſe Gleichheit des Klanges einen angenehmeren Vortrag.

§. 15.

In dieſen Abſchnitt gehört auch jene Verlegung der Finger, die man, dem gemeinen Weidſpruche nach, die Ueberlegung nennet. Man muß ſich dieſer Art ſehr oft in Doppelgriffen, oder auch bey ſchnell fortlaufenden Noten bedienen: wenn nämlich zwo Noten zuſammen, oder aber gleich nacheinander treffen, die zwar der Lage nach mit gleichen Fingern ſollten genommen werden, durch die Erhöhungs= oder Erniedrigungs=Zeichen hingegen ſo einander entgegen ſind; daß man iede derſelben mit ihrem beſondern Finger abſpielen muß.

In solchem Falle wird anstatt des dritten Fingers der vierte, statt des zweyten der dritte, und anstatt des ersten der zweyte Finger genommen, und dieser über jenen hingeleget.   Daher kömmt denn auch das Wort Ueberlegung.   Man muß aber rein greifen.   Hier sind Beyspiele.

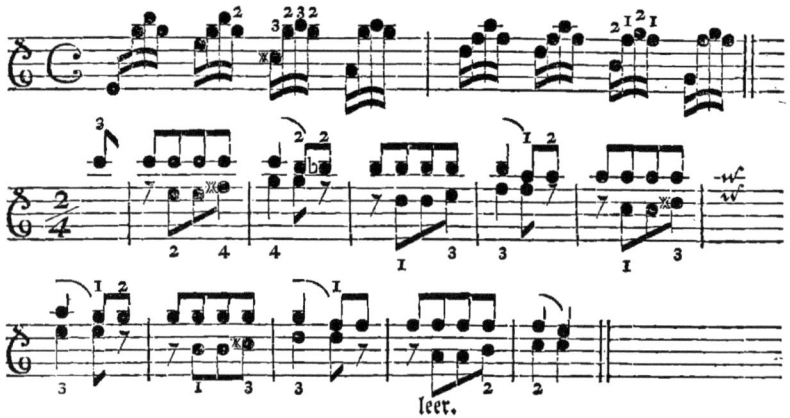

§. 16.

Es giebt noch einige andere **Figuren,** wo allemal drey Noten über einander stehen, die man in einem Bogenstriche auf einmal zusammen nehmen muß. Da muß man nun manchmal mit der ganzen Hand auch so gar aus der natürlichen Lage zurück weichen.   Man besehe das Beyspiel.

§. 17.

Den Regeln dieser **vermischten Applicatur** sind auch die aus drey Noten bestehenden übrigen Griffe meistentheils unterworfen. Z. E.

Das erste Exempel behält durch die ganze Paſſage den erſten, zweyten und vierten Finger. Die andern zwey unter N I. ſtehenden Beyſpiele gehen durch die vermiſchte Applicatur. Bey N II. iſt die Ueberlegung angebracht, wovon erſt im §. 15. iſt geſprochen worden. In den zwey Beyſpielen unter N. III. ſtecket die Ausſtreckung des vierten Fingers, die wir vorher im §. 9.

ſchon

schon berühret haben.   Und endlich wird nach der im zehenden Paragraph angezeigten Art in dem Beyspiele N. IV. der erste Finger zurück gezogen.

§. 18.

Nun kommen wir noch auf eine Spielart, bey der man sich mehrentheils der vermischten Applicatur bedienen muß.   Es sind jene gebrochene Accorde, so man Arpeggio (a), deren Vortrag aber das Arpeggieren nennet. Die Art diese gebrochnen Accorde vorzutragen wird theils von dem Componisten angezeiget: theils von dem Violinisten nach eigenem Gutdünken gemacht. Bey dieser Gelegenheit will ich zugleich auch ein und andere Veränderung, die mir geschwind beyfällt, hersetzen.   Hier sind sie.

§. 19.

(a) Es kömmt von dem Wort Harpfe (Arpa).   Es heißt also Arpeggieren (von arpeggiare) auf Harpfenart spielen; das ist: die Töne nicht zugleich, sondern zergliedert vortragen.

und so fort.

Aa 3

Allemal (E) leer.

§. 19.

§. 19.

In diesen Beyspielen findet man die Ueberlegung; dann das Ausstrecken und Zurückziehen eines, und auch oft zweener Finger zugleich. Man
findet ferner das ordentliche Hinauf- und Herabgehen durch die vermischte Applicatur: und endlich findet man auch etwelche Veränderungen in der Arpeg-
gierung. Wie das Arpeggio in dem ersten Tacte eines jeden Exempels angezeiget ist; so muß man in der Folge der über einander gesetzten Noten fortfahren. Es sind diese wenige Beyspiele freylich nur ein Schattenriß aller möglichen Veränderungen sowohl dieser Applicatur, als der gebrochenen Accorden: Doch wenn ein Anfänger diese rein abspielen kann, so hat er einen so guten Grund geleget, daß er sehr wenig Beschwerniß finden wird alles, was ihm
dergleichen vorkömmt, bald richtig und rein vorzutragen.

§. 20.

Zum Beschlusse dieses Hauptstückes muß ich noch eine nützliche Beobachtung einschalten, die ein Violinist bey Abspielung der Doppelgriffe machen
kann: um mit gutem Tone, kräftig und rein zu spielen. Es ist unwidersprech-
lich, daß eine Seyte, wenn sie angeschlagen oder gestrichen wird, eine andere
ihr gleichgestimmte Seyte auch in Bewegung setze (b). Dieß ist aber nicht
genug. Ich habe die Probe auf der Violin, daß beym Zusammenstreichen
zweener Töne auch so gar bald die Terz, bald die Quint, bald die Octav
u. s. f. von sich selbst auf eben dem nämlichen Instrumente dazu klinge. Dieses
dienet nun zur untrüglichen Probe, womit sich ieder selbst prüfen kann, ob er
die Töne rein und richtig zu spielen weiß. Denn wenn zweene Töne, wie ich
sie

(b) Daß dieß eine den Alten schon bekannte Sache war, sagt uns Aristides Quintilianus Lib. 2. de Musica mit diesen Worten: Si quis enim in alteram ex duabus Chor-
dis eundem Sonum edentibus parvam imponat ac levem stipulam: alteram autem
longius Inde tentam pulset, videbit Chordam stipula onustam evidentissime una mo-
veri. Es läßt sich auch eine andere Probe machen. Man hänge ein Geigin-
strument, dessen Seyten nicht etwa gar zu sehr angespannet sind, nahe zu einer
Orgel; so wird man, wenn die Töne, welche die leeren Seyten des Geigin-
struments haben, auf der Orgel berühret werden, zu gleicher Zeit die leeren
Seyten auch, obwohl unberührt, mitklingen hören, oder wenigst eine starke Bewegung derselben bemerken. Oder man geige auf einer nicht zu stark bezogenen,
und etwas tief gestimmten Geige das (g) mit dem dritten Finger auf der (D)
Seyte; so wird sich die leere (G) Seyte gleich selbst bewegen.

sie unten anzeigen werde, gut genommen und recht aus der Violin, so zu reden, heraus gezogen werden; so wird man zu gleicher Zeit die Unterstimme in einem gewissen betäubten und schnarrenden Laut gar deutlich hören: sind die Töne hingegen nicht rein gegriffen, und einer oder der andere nur um ein bißchen zu hoch oder zu tief; so ist auch die Unterstimme falsch. Man versuche es mit Geduld: und wer sich gar nicht darein finden kann, der spiele anfangs auch die schwarze Grundnote, und nähere die Geige dem Gehör, so wird er bey dem Abspielen der zwo oberen Noten eben diese untere schwarze Note dazu schnarren hören. Je näher man die Violin an das Ohr hält, je mehr darf man den Strich mässigen. Vor allem aber muß die Violin gut bezogen und rein gestimmet seyn. Hier sind einige Proben davon. Man sieht daraus wie gewaltig der harmonische Dreyklang (trias harmonica) ist. Z. E. Wenn die zwo Noten eine kleine Terze von einander abstehen; so hört man unten die grosse Terz oder Decime darzu: Es macht also einen wohl zusammenstimmenden Dreyklang.

Wenn hingegen die zwo Noten eine grössere Terze betragen; so hört man die Octav zur untern Note.

Stehen die 2. Töne eine natürliche Quart von einander; so höret man zur untern Note die Quint.

Sind

Sind die zwo Noten um eine kleine Sechste von einander, so höret man die grössere Terz, oder Decime.

Bey der grössern Sechste klinget unten die Quint.

Man höret es noch deutlicher, wenn man einige Doppelgriffe gleich nach einander nimmt: denn da fällt die Abänderung dieser schnarrenden Töne mehr in die Ohren. Z. E.

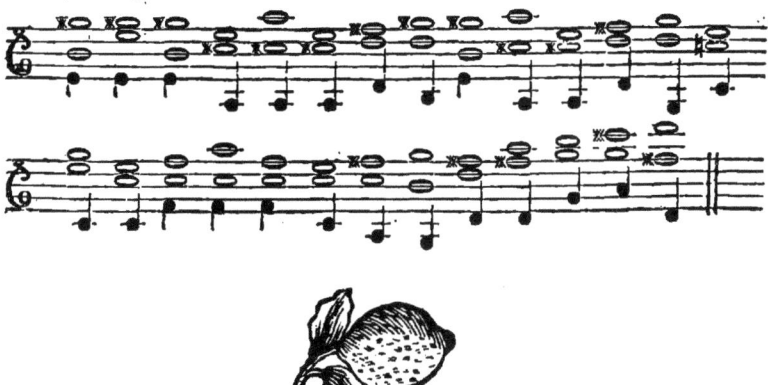

Das neunte Hauptstück.

Von den Vorschlägen, und einigen dahin gehörigen Auszierungen.

§. 1.

Die Vorschläge sind kleine Nötchen, die zwischen den gewöhnlichen Noten stehen, aber nicht zum Tacte gerechnet werden. Sie sind von der Natur selbst dazu bestimmet die Töne mit einander zu verbinden, und eine Melodie dadurch singbarer zu machen. Ich sage: von der Natur selbst. Denn es ist unläugbar, daß auch ein Bauer sein Bauernlied etwa also mit Vorschlägen

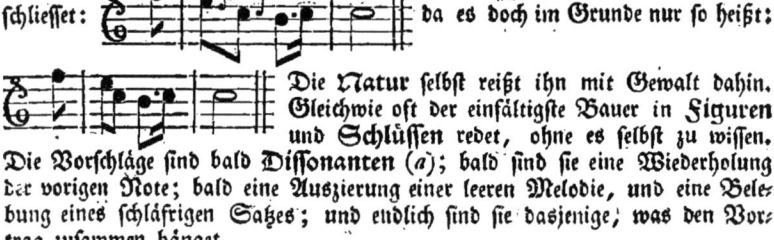

schliesset: da es doch im Grunde nur so heißt:

Die Natur selbst reißt ihn mit Gewalt dahin. Gleichwie oft der einfältigste Bauer in Figuren und Schlüssen redet, ohne es selbst zu wissen. Die Vorschläge sind bald Dissonanten (a); bald sind sie eine Wiederholung der vorigen Note; bald eine Auszierung einer leeren Melodie, und eine Belebung eines schläfrigen Satzes; und endlich sind sie dasjenige, was den Vortrag zusammen hänget.

Es ist demnach eine Regel ohne Ausnahme: Man trenne den Vorschlag niemal von seiner Hauptnote, und nehme sie allezeit an einem Bogenstriche.

(a) Wer nicht weis, was ein Dissonant ist; dem will ich es sagen: ja ich darf ihm nur die Consonanten nennen. Die Consonanten sind der Einklang, die grössere Terz und auch die kleinere, die Quint, die Sechste und die Octav. Die Dissonanten sind alle die anderen Intervallen die man im §. 5. des dritten Hauptstückes nachsehen mag. Die Abtheilung der Consonanten und Dissonanten, und alles übrige gehört zu der Setzkunst.

triche. Daß aber die nachfolgende, und nicht die vorausstehende Note zu dem Vorschlage gehöre, wird man wohl aus dem Worte, Vorschlag, schon selbst bnehmen.

§. 2.

Es giebt absteigende und aufsteigende Vorschläge, die aber beyde auch n anschlagende und durchgehende getheilet werden. Die absteigenden Vorschläge sind die natürlichsten, weil sie die wahre Natur eines Vorschlags ach den richtigsten Compositionsregeln haben. Z.E.

§. 3.

Die absteigenden Vorschläge sind aber auch zweyerley: nämlich die angen und die kurzen. Der langen sind wieder zwo Gattungen, davon ine länger als die andere ist. Wenn der Vorschlag vor einer Viertheilnote, chttheilnote oder Sechzehntheilnote stehet, so ist er schon ein langer Vorschlag; t gilt aber nur den halben Theil der Note, die nachkömmt. Man hält also en Vorschlag die Zeit, so der halbe Theil der Note beträgt; nachdem aber chleift man die Note ganz gelind daran. Was die Note verliert bekömmt der Vorschlag. Hier sind Beyspiele:

Wird also gespielet.

B b 2

Man könnte freylich alle die **abſteigenden Vorſchläge** in groſſe Noten ſetzen und in den Tact austheilen.   Allein wenn ein Spieler darüber kömmt, der nicht kennet, daß es ausgeſchriebene Vorſchläge ſind, oder der alle Noten zu verkräuſeln ſchon gewohnet hat, wie ſieht es alsdann ſowohl um die **Melodie** als **Harmonie** aus? Ich wette darauf ein ſolcher ſchenket noch einen langen **Vorſchlag** darzu und ſpielt es alſo:

welches doch nimmer natürlich, ſondern ſchon übertrieben und verwirret läßt (*b*). Es iſt nur ſchade, daß Anfänger ſo leicht in dieſen Fehler verfallen.

§. 4.

Die zwote Art der langen Vorſchläge, die man die längern **Vor-**
ſchläge nennen mag, findet man erſtlich bey punctierten Noten; zweytens, bey halben Noten, wenn ſie im $\frac{3}{4}$ Tacte gleich Anfangs ſtehen, oder wenn im Zweyviertheil oder Vierviertheiltacte nur eine oder höchſtens zwo vorkommen, davon eine mit dem **Vorſchlage** bemerket iſt.   In dieſen Fällen wird der **Vorſchlag** länger gehalten.   Bey den punctierten **Noten** hält man den **Vorſchlag** ſo lang, als die Zeit der Note austrägt; anſtatt des Puncts hingegen

(*a*) Neu defis Operæ, nevæ immoderatus abundes. Horat. Lib. III. Sat. V.

gegen nimmt man erst den Ton der Note, doch so, als wenn ein Punct dabey stünde: denn man erhebt den Bogen, und spielt die letzte Note so spät, daß durch eine geschwinde Abänderung des Strichs die darauf kommende Note gleich daran gehöret wird. Z. E.

So wird es geschrieben.

Es wird also gespielet.

Wenn man aber eine halbe Note, bey den oben angemerkten zweenen Zufällen, mit dem Vorschlage abspielen will; so bekömmt der Vorschlag drey Theile der halben Note, und bey dem vierten Theile nimmt man erst den Ton der halben Note. Z. E.

So schreibt mans.

Wird also gespielet.

§. 5.

Es giebt noch andere Fälle wo man den längern Vorschlag braucht, die aber alle unter die Spielart der punctierten Noten gehören. Z. E. im $\frac{6}{4}$ und $\frac{6}{8}$ Tacte sind oft zwo Noten auf einem Tone an einander gebunden, deren die vordere einen Punct nach sich hat. In solchem Falle wird der Vorschlag die ganze Zeit ausgehalten, welche die Note sammt dem Puncte beträgt. Z. E.

So

Eben auf diese Art hält man im folgenden Beyspiele den **Vorschlag** durch das ganze erste Viertheil aus, und beym zweyten Viertheile nimmt man erst die Hauptnote und spielt die übrigen gleich daran fort.   Dieß läßt sich aber bey halben Noten nicht allemal thun, wie wir bey den **kurzen Vorschlägen** sehen werden.

Und manchmal steht eine **Sospir** oder oft gar eine **Pause** da, wo man doch noch die Note hören sollte.   Wenn es nun der Componist dabey versehen hat; so muß der Violinist gleichwol gescheider seyn, und den **Vorschlag** so lang aushalten als die folgende Note gilt, bey der Pause aber erst in den Ton der Note einfallen. Z. E.

So ſoll man es ſchreiben, und auch ſo ſpielen.

Es gehöret aber entweder die Einſicht in die Compoſition oder eine geſunde Be=
urtheilungskraft dazu; und dieſe meine Lehre verſtehet ſich hauptſächlich, wenn
man allein ſpielet: denn in Stücken von mehr Stimmen könnte es der Componiſte
wegen der Fortſchreitung der Unterſtimme oder Mittelſtimme eigentlich alſo ver=
langen. Z. E.

§. 6.

Die langen Vorſchläge entſpringen aber nicht allemal aus der vorher ge=
henden Note. Sie werden auch frey angeſtoſſen. Z. E.

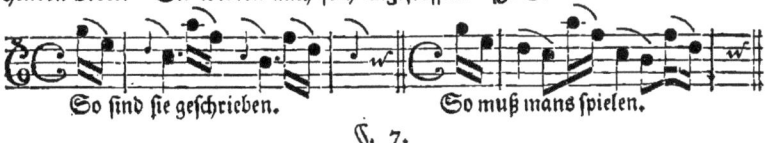

So ſind ſie geſchrieben.　　　　So muß mans ſpielen.

§. 7.

Sie kommen auch nicht allezeit vom nächſten Tone; ſondern aus allen
Stuffen. Und da machen ſie (c) die Figur des Aufenthals im vorigen Tone.

§. 8.

(c) Dieß iſt zwar Figura retardationis. Das erſte Beyſpiel iſt aber auch eine Wieder=
　　holung, die man unter die Figuren der Redekunſt zehlet und mit ihrem rechten
　　Name Anaphora heißt.

§. 8.

Vor allem muß man beobachten: erstlich, daß man bey den absteigenden Vorschlägen niemal die leere Seyte zum Vorschlag brauche: sondern
daß man, wenn ein Vorschlag auf eine solche fällt, selben allemal mit dem
vierten Finger auf der neben liegenden tiefern Seyte nehme. Zweytens muß
die Stärke des Tones bey den langen und längern Vorschlägen allezeit auf
den Vorschlag; die Schwäche aber auf die Note fallen. Es muß aber mit
einer angenehmen Mäßigung des Bogenstriches geschehen. Auch die Stärke
muß eine Schwäche vor sich haben. Man kann einen langen Vorschlag,
von denen hier die Rede ist, gar leicht etwas weich anstossen, den Ton an der
Stärke geschwind wachsen lassen, in der Mitte des Vorschlags die gröste
Stärke anbringen, und alsdann die Stärke so verliehren, daß letztlich die
Hauptnote ganz piano darein schleift. Absonderlich aber hüte man sich bey
der Hauptnote mit dem Bogen nachzudrücken. Man muß nur den Finger, mit
dem der Vorschlag gemacht wird, aufheben, den Bogen aber gelind fortge-
hen lassen.

§. 9.

Nun giebt es auch kurze Vorschläge, bey denen aber die Stärke nicht
auf den Vorschlag, sondern auf die Hauptnote fällt. Der kurze Vorschlag
wird so geschwind gemacht, als es möglich ist, und wird nicht stark, sondern
ganz schwach angegriffen. Man braucht diesen kurzen Vorschlag, wenn mehr
halbe Noten nach einander kommen, deren iede mit einem Vorschlagnötchen bezeichnet ist; oder aber wenn auch manchmal nur eine halbe Note zugegen ist,
die aber in einer solchen Passage stecket, welche gleich von einer zweyten Stimme

me in der höhern Quarte oder in der tiefern Quinte nachgeahmet wird; oder wenn man ſonſt vorſieht, daß durch einen langen Vorſchlag die Regel= mäſſige Harmonie und folglich auch die Ohren der Zuhörer beleidiget würden; und endlich wenn in einem Allegro, oder andern ſcherzhaften Tempo etwelche Noten Stuffenweiſe, oder auch Terzweiſe nacheinander abſteigen, deren jede einen Vorſchlag vor ſich hat; in welchem Falle man den Vorſchlag ſchnell wegſpielet, um dem Stücke durch das lange Aushalten der Vorſchläge die Leb= haftigkeit nicht zu benehmen.   Hier folgen die Beyſpiele, wo der Vortrag mit langen Vorſchlägen viel zu ſchläferig klingen würde.

Bey dieſen Septbindungen ſollte man zwar allezeit erſt bey der Achttheilnote (*) von dem Vorſchlage in die Hauptnote einfallen, wie §. 5. geſagt worden: allein wenn eine zwote Stimme dabey iſt, gefällt es mir gar nicht.   Denn, erſtlich, fällt die Septime erſt mit der Grundnote ein, und hat ihre rechte Vorberei= tung nicht; obwohl etwa einer ſagen möchte: das Gehör werde durch das Se=

mitonium des Vorſchlags betrogen, und durch dieſen Aufenthalt, als ein zierliche Suspenſion dennoch ſchon vergnüget. Zweytens fallen die Töne im erſten halben Theile des Tactes ſo widrig zuſammen, daß, wenn es nicht recht
geſchwind weggeſpielet wird, die Diſſonanze dem Gehör unerträglich iſt. Z. E.

§. 10.

    Die aufſteigenden Vorſchläge ſind überhaupts nicht ſo natürlich, als
die abſteigenden; ſonderheitlich die, welche aus dem nächſten, und zwar aus
einem ganzen Tone herflieſſen: weil ſie meiſtens Diſſonanten ſind. Wer weis
aber nicht, daß die Diſſonanten nicht aufwärts, ſondern abwärts müſſen ge-
löſet werden? (d) Man handelt demnach ſehr vernünftig, wenn man einige Zwi-
ſchennötchen dazu ſpielet, die durch die richtige Auflöſung der Diſſonanten das
Gehör vergnügen, und ſowohl die Melodie als die Harmonie beſſern. Z. E.

So wird es
geſchrieben.

So ſpielt
man.

Die ordentli-
che Löſung der
Diſſonanten.

Die Grund-
ſtimme.

Auf

(d) Wenn der Baß oder die Grundſtimme immer in einem Tone ruhet darf man freylich nicht ſo vorſichtig handeln, und man kann alle aufſteigende Vorſchläge anbringen.

Auf diese Art fällt die Stärke auf die erste Note des Vorschlags, und die zwo
kleinen Nötchen sammt der darauf folgenden Hauptnote werden gelind daran geschleifet, wie es schon §. 8. ist gelehret worden.

§. 11.

Man pflegt auch den aufsteigenden Vorschlag mit zwo Noten von der
Terze zu machen und an die Hauptnote anzuschleifen, wenn auch gleich dem Ansehen nach der Vorschlag aus dem Nebentone herfliessen sollte.　Diesen Vorschlag mit zwoen Noten heißt man den Schleifer. Z. E.

Der Schleifer wird aber meistes zwischen zwo entfernten Noten angebracht.

Die erste und punctirte Note wird stärker angegriffen und lange ausgehalten,
die zwote abgekürzte aber in der möglichsten Kürze mit der Hauptnote stille daran geschleifet.　Man machet den Schleifer aber auch mit gleichen Noten, wie
wir im Beyspiele (3) sehen.　Doch fällt auch hier die Stärke auf die erste der
zwo Vorschlagnoten.

§. 12.

Man kann auch aus dem nächsten Tone einen Vorschlag mit zwo Noten machen, wenn man den über der Hauptnote stehenden Ton dazu nimmt.
Aus dieser Art der aufsteigenden Vorschläge entstehen die sogenannte Anschläge,
die auch so gar die entfernte Note wiederholen, und dann erst den über der
Hauptnote stehenden Ton gelind ergreifen, und beede an die Hauptnote anschlei-
fen.　Hier sind die Beyspiele.

Es ist aber wohl zu merken, daß der Anschlag mit zwo gleichen Noten in den Beyspielen (1) und (3) schwach angespielt und nur die Hauptnote stark vorgetragen werde; da im Gegentheile bey dem punctierten Anschlage in den Beyspielen (2) und (4) die punctierte Note stärker angespielet, lange ausgehalten, und die kurze mit der Hauptnote schwach daran geschleifet wird.

§. 13.

Wenn man den aufsteigenden Vorschlag nur mit einer Note und aus dem nächsten Tone nehmen will; so klingt es gut, wenn er gegen der Hauptnote einen halben Ton beträgt. Z. E.

Deßwegen läßt es sehr gut bey einer Schlußnote. Z. E.

Und die grosse Septime, mit der Secund und Quart begleitet, spricht dem aufsteigenden halbtönigen Vorschlage das Wort, und macht einen guten Eindruck in den Gemüthern der Zuhörer; absonderlich wenn die Vorschläge bey den übrigen Stimmen auch allemal hingesetzet sind, und bey dem Abspielen genau beobachtet werden. Z. E.

s kömmt aber auch die vergrösserte Quint noch darzu, und sie vertheidiget
en Gebrauch des halbtönigen Vorschlags durch sich selbst. 3. E.

Man vergesse aber nicht daß die Stärke auf den Vorschlag, die Schwäche aber
uf die Hauptnote fallen muß.   Wovon die Art des Vortrags §. 8. ist ge-
hret worden.

§. 14.

Die Vernunft und das Ohr überzeugen uns also, daß ein aus dem Re-
ntone herfliessender und aufsteigender töniger und langer Vorschlag platt
eggespielet nicht allezeit, der halbtönige aber allemal gut sey: weil er, er fließt
aus der grössern Terze, aus der dreytönigen Quarte, oder aus der ver-

grösser-

gröſſerten Sechſte, allezeit oder durch die vergröſſerte Quint, oder durch die vergröſſerte Secund, oder durch die groſſe Septime ſich regelmäſſig löſet. Derjenige leget demnach ſeine ſchlechte Einſicht in die Regeln der Setzkunſt an Tag, welcher in ſeiner Compoſition einen aufſteigenden ganztönigen Vorſchlag in einer ſolchen Paſſage anbringet, die ihn auf das allernatürlichſte von oben herab führet, und wo ein ieder, ohne daß es hingezeichnet iſt, ſchon ſelbſt einen abſteigenden Vorſchlag machen würde. Z. E.

Heißt das nicht den aufſteigenden Vorſchlag recht ungeſchickt (ſo zu reden) bey den Haaren herbey ziehen? da es doch der Natur gemäß alſo heiſſen muß.

Denn die Vorſchläge ſind nicht erdacht worden, um eine Verwirrung und Härte des Vortrags anzurichten; ſie ſollen ihn vielmehr ordentlich zuſammen verbinden und eben dadurch gelind, ſingbarer und dem Gehör angenehme machen.

§. 15.

Die aufſteigenden Vorſchläge werden auch ſehr oft aus entfernten Tönen hergeholet, wie bey den abſteigenden Vorſchlägen geſchieht, wovon § 7. geſprochen worden. Hier iſt ein Beyſpiel.

Retardatio.

Anaphora.

Auch hier fällt die Stärke allemal auf den Vorſchlag, und wird nach der im §. 8. gegebenen Lehre geſpielet.

§. 16.

Dieß waren nun lauter anſchlagende Vorſchläge, die der Componiſt anzeigen muß, oder wenigſtens ſoll und kann: wenn er ſich anders eine ver= gnügliche Hofnung eines guten Vortrags ſeiner niedergeſchriebenen Stücke ma= chen will. Und bey allem dem wird manche gute Compoſition oft elendig ge= martert. Nun kommen wir auf die durchgehenden Vorſchläge, Zwiſchen= ſchläge und andere dergleichen Auszierungen, bey denen die Stärke auf die Hauptnote fällt, und die ſelten oder gar nicht von den Componiſten angezei= get werden. Sie ſind alſo ſolche Auszierungen, die der Violiniſt nach ſeiner eigenen geſunden Beurtheilungskraft am rechten Orte muß wiſſen anzubringen. Hier folgen ſie.

§. 17.

Die erſten ſind die durchgehenden Vorſchläge. Dieſe Vorſchläge gehören nicht in die Zeit ihrer Hauptnote in welche ſie abfallen, ſondern ſie müſſen in der Zeit der vorhergehenden Note geſpielet werden. Man könnte freylich ihren Vortrag durch kleine Nötchen beſtimmen; allein es würde etwas ſehr neues und ungewöhntes ſeyn. Der es ausdrücken will, ſetzet es ſchon in richtig eingetheilten Noten hin. Man pflegt dieſe durchgehende Vorſchläge bey einer Reihe Noten anzubringen, die eine Terze von einander abſtehen. Z. E.

Ohne

Die Sechzehntheilnote wird ganz gelind und still ergriffen, und die Stärke
fällt allemal auf die Achttheilnote.

§. 18.

Man kann die durchgehenden Vorschläge auch bey den Noten anbringen, die hinauf oder herab stuffenweise gehen. Z. E.

§. 19.

§. 19.

Unter die durchgehenden Vorſchläge gehören auch jene willkührliche Auszierungen, die ich überſteigende und unterſteigende Zwiſchenſchläge nennen will. Sie gehören zwiſchen den Vorſchlag und die Hauptnote, und fallen ganz gelind von dem Vorſchlage auf die Hauptnote ab. Man ſehe ihre Geſtalt und ihr ganzes Herkommen. Hier ſind die abſteigenden.

Wenn mans nun aber noch beſſer und recht lebhaft ſpielen will: ſo muß man die erſte Note iedes Viertheils ſtark angreiffen, die übrigen Noten gelind darein ſchleifen, die vorletzte Note punctirt und die letzte ſpäth; iedes Viertheil aber an einem Bogenſtriche nehmen. Z. E.

§. 20.

Die aufsteigenden Zwischenschläge werden eben also gespielet, und man hat das nämliche dabey zu beobachten. Z. E.

Daß diese aufsteigenden Zwischenschläge dem um einen ganzen Ton auf‐ steigenden Vorschlage zur Hülfe kommen, weis man aus dem §. 10.

§. 21.

Es liegt klar zu Tage, daß ein Violinist wohl muß zu unterscheiden wis‐ sen, ob, und was für eine Auszierung der Componist schon ausgesetzet hat? und ob er noch eine, oder was für eine Auszierung er noch anbringen kann? wir sehen es Sonnenklar in den Beyspielen des 19. und 20. Paragraphs. Denn wie schlecht würde es klingen, wenn der Violinist den vom Componi‐ sten schon hingesetzten und in den Tact eingetheilten Vorschlag noch mit einem absteigenden langen Vorschlage beehren wollte. Es heißt z. E.

Es

Allegro.

Es wird aber etwa dieſe unnöthige Auszierung angebracht. Doch, man verſtehe mich wohl, ich rede von einem langen Vorſchlage, auf den die Stärke des Tones fällt.

Hier können iene ungeſchickte Spieler, die alle Noten verkräuſeln wollen, die Urſache einſehen, warum ein vernünftiger Componiſt ſich ereifert, wenn man ihm die ſchon ausgeſetzten Noten nicht platt wegſpielet. In dem gegenwärtigen Beyſpiele ſind die abſteigenden Vorſchläge ſchon niedergeſchrieben und in den Tact eingetheilet. Sie ſind Diſſonanten die ſich ſchön und ordentlich auflöſen, wie wir aus der Unterſtimme und aus den darüber geſetzten Zahlen ſehen, die man mit ihrem rechten Namen die Signaturen nennet. Wer greift es nun nicht mit Händen, daß es ſehr elend läßt, wenn man das natürliche mit noch einem langen Vorſchlage verderbet? wenn man den Diſſonanten, der vorher ſchon regelmäßig vorbereitet iſt, ausläßt, und eine andere ungereimte Note dafür ergreift? ja wenn man gar die Stärke des Tones auf den unnöthig dazu kommenden Vorſchlag wirft, den Diſſonanten aber ſammt der Auflöſung erſt ſtill daran ſchleifet; da doch der Diſſonant ſtark klingen, und ſich bey der Auflöſung nach und nach erſt verlieren ſolle?.

Allein

Allein was kann der Schüler dafür, wenn es fein Lehrmeiſter ſelbſt nicht beſſer verſtehet, und wenn der Lehrmeiſter ſelbſt auf gut Glück in den Tag hinein ſpielet ohne zu wiſſen was er thut? Und dennoch will oft noch dazu ein ſolcher gerathewohl Spieler ein Componiſt heiſſen. Genug! man mache keine, oder nur ſolche Auszierungen die weder die Harmonie noch Melodie verderben. Und in Stücken, wo mehr als einer aus der nämlichen Stimme ſpielen, nehme man alle Noten ſo, wie es der Componiſt vorgeſchrieben hat. Man lerne endlich einmal gut leſen, bevor man mit Figuren um ſich werffen will: denn mancher kann ein halbes Dutzend Concerte ungemein fertig und ſauber wegſpielen; kömmt es aber dazu, daß er etwas anders gleich von der Fauſt weg geigen ſolle, ſo weis er nicht drey Tacte nach des Componiſten Meinung vorzutragen: wenn gleich der Vortrag auf das genaueſte beſtimmet iſt (e).

§. 22.

Es giebt noch einige in dieſes Hauptſtück gehörige Auszierungen, deren ich eine den Ueberwurf, die andere einen Rückfall oder Abfall, die dritte den Doppelſchlag, die vierte den Halbtriller und die fünfte den Nachſchlag nennen will. Der Ueberwurf iſt eine Note, die vor dem Vorſchlage an die vorhergehende Note ganz ſtill angeſchleifet wird. Dieſer Ueberwurf wird allezeit in die Höhe, bald in den nächſten Ton, bald in die Terz, Quart, u. ſ. f. auch noch in andere Töne gemacht. Man braucht ihn, theils den aufſteigenden Vorſchlag dadurch mit dem abſteigenden als dem beſſern Vorſchlage zu verwechſeln; theils aber eine Note dadurch ſingbarer, theils lebhafter zu machen. Z. E.

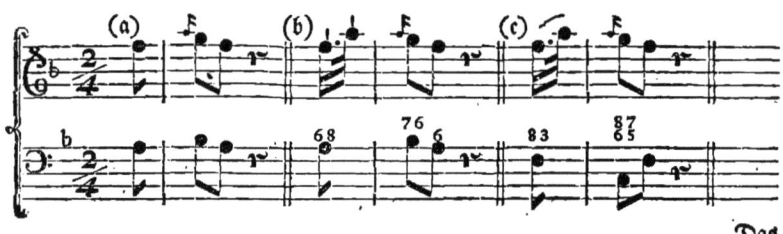

Das

(e) Ich eifere für die Reinigkeit des Vortrags: man nehme mirs alſo nicht übel, daß ich die Wahrheit rede. Quid verum atque decens curo, & rogo, & omnis in hoc ſum. Horat.

Das Beyſpiel (a) zeiget uns den abſteigenden Vorſchlag an. Im Beyſpiele (b) ſehen wir, daß der Vortrag lebhafter und im Beyſpiele (c), daß er ſingbarer wird: überhaupts aber wird man auch bey veränderter Unterſtimme in (b) die regelmäſſige Vorbereitung der Septime, und bey (c) die Vorbereitung der Sechſte finden.

§. 23.

Man kann den Ueberwurf aber auch in den nächſten, und auch in andere entfernte Töne machen. Ich will einige Beyſpiele herſetzen (*).

§. 24.

Der Ueberwurf will mir hingegen gar nicht gefallen, wenn die Oberſtimme mit der Grundſtimme aus der gröſſern Terze in die reine Quint geht. Denn hieraus entſtehen zwo Quinten, die doch aus der guten Muſik verbannet ſind. Z. E. *

Ada-

Adagio.

Ein recht langer Vorſchlag vom (e) in die halbe Note (b) kann es zwar in etz was verdecken.

So gefällt es mir aber beſſer.

§. 25.

Gleichwie der Ueberwurf hinauf geht, ſo fällt eben bey der nämlichen Note der Rückfall oder Abfall gegen die darauf folgende Note oder gegen den darauf kommenden Vorſchlag herab. Dieß geſchieht, wenn die unmittelbar vor dem Vorſchlage ſtehende Note ſo weit entfernet, oder auch ſo trocken und ſchläferig hingeſetzet iſt, daß man durch dieſe Auszierung die Figuren beſſer zuz ſammen hängen, oder lebhafter machen muß. Z. E.

So kann mans ſpielen.

Man fällt auch auf die nächſte Note oder dem Vorſchlage herunter, oder gar auf die Note des Vorſchlages ſelbſt, um eine Vorbereitung des Diſſonanten zu machen. Z. E.

Ohne Auszierung.

Mit

Mit dem Rückfalle auf die nächste Note über dem Vorschlage.

Mit dem Abfalle auf den Ton des Vorschlags.

§. 26.

Einen Abfall auf den absteigenden Vorschlag selbst kann man allezeit machen. Aber auf die nächste Note über demselben läßt es sich nicht allemal thun. Es kömmt auf die Grundnote an. Z. E.

Wenn man bey der ersten Note einen Abfall in das (b) z. E. machen wollte, so wäre es zwar der Rückfall in den nächsten Ton über dem Vorschlage; allein es würde zur Grundnote (c) sehr elend klingen, und sowohl Melodie als Harmonie verderben. Bey der zwoten Note

Note, nämlich beym * (b), ist es hingegen ungemein gut: weil der Rück=
fall ins (g) zum Grundtone die Sechste machet. Da man nun um die Har=
monie nicht zu verderben bey der ersten Note nicht in das (b), sondern ins
(c), folglich in den Ton des Vorschlags fallen muß; so mag man auch bey
der zwoten Note in die falsche Quint nämlich ins (f) herab gehen, um dadurch
die Vorbereitung der reinen Quarte zu machen. Nun schliesse ein ieder selbst,
ob nicht zur regulären Spielart oder die Einsicht in die Setzkunst, oder eine
ungemein gute natürliche Beurtheilungskraft erfordert werde?

§. 27.

Der Doppelschlag ist eine Auszierung von vier geschwinden Nötchen, die
zwischen dem aufsteigenden Vorschlage und der darauf folgenden Note angebracht,
und an den Vorschlag angehenget werden. Die Stärke des Tones fällt auf den
Vorschlag, bey dem Doppelschlage verliehret sich die Stärke, und die
Schwäche kömmt auf die Hauptnote. Man sehe wie der Doppelschlag an=
zubringen ist in dem Beyspiele.

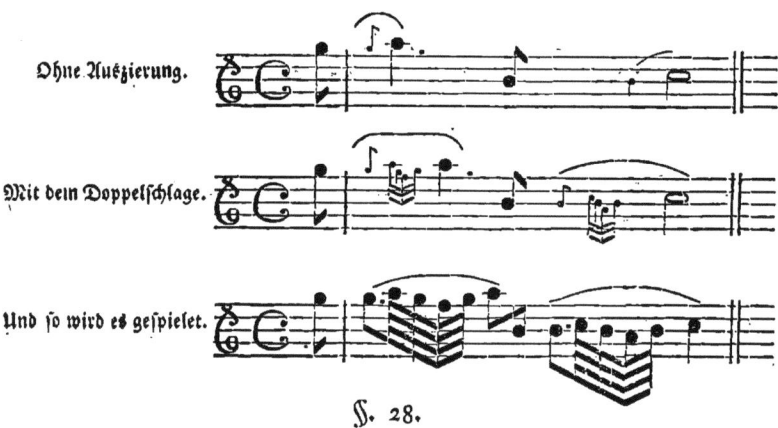

§. 28.

Der Doppelschlag kann aber auch zwischen zwo nahe beysammstehenden,
oder zwischen entfernten Hauptnoten angebracht und beede Noten dadurch mit
einander verbunden werden.

Her=

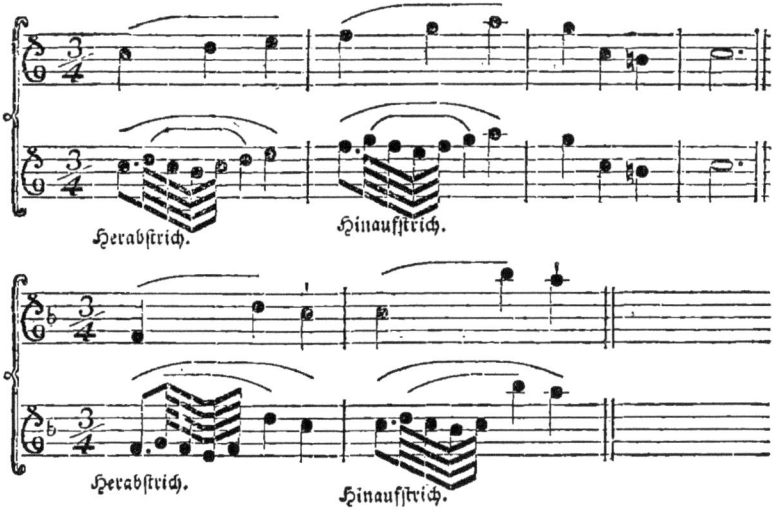

§. 29.

Schier eben so sieht der **Halbtriller** aus; nur daß er umgekehret ist. Er wird zwischen dem Vorschlage und der Hauptnote, doch so geschwind angebracht, daß er dem Anfange eines Trillers ganz ähnlich läßt; daher er auch den Namen hat. Die Stärke fällt auch hier auf den Vorschlag; das übrige muß sich im Tone verlieren. Hier ist ein Beyspiel.

Nur mit einem Vor-
schlage.

§. 30.

Nun will ich noch eine Art der hieher gehörigen Auszierungen beybringen, die ich Nachschläge nennen will. Es sind dieselben ein paar geschwinde Nötchen, die man an die Hauptnote anhänget, um den Vortrag lebhafter zu machen. Die erste, dieser zwo Noten wird aus dem nächsten höhern oder tiefern Tone genommen, und die zwote ist die Wiederholung des Hauptones. Beede Nötchen müssen sehr geschwind und erst am Ende der Hauptnote vor dem Eintritt in den folgenden Ton genommen werden. Z. E.

So wird es gespielt.

Diese Nachschläge, Zwischenschläge, und alle die itzt beygebrachten durchgehende Vorschläge, und Auszierungen müssen keineswegs stark angestossen, sondern gelinde an ihre Hauptnote angeschleifet werden; wodurch sie sich auch von den anschlagenden Vorschlägen, bey denen man die Stärke anbringet, gänzlich unterscheiden, und nur in dem allein mit ihnen übereinskommen; daß sie in dem nämlichen Striche an die Hauptnote gezogen werden.

Das

Das zehente Hauptſtück.
Von dem Triller.

§. 1.

Der Triller iſt eine ordentliche und angenehme Abwechſelung zweener nächſten Töne, die oder um einen ganzen, oder um einen halben Tone voneinander abſtehen. Der Triller iſt demnach hauptſächlich zweyerley: nämlich der mit der gröſſern, und mit der kleinern Secunde. Und ich kann nicht einſehen warum einige das Anſchlagen der kleinern Secunde mit dem Wort Trilleto von dem Anſchlagen der gröſſern Secunde, als dem Triller (trillo) unterſcheiden wollen: da doch Trilleto nur einen kurzen Triller, Trillo aber allemal einen Triller anzeiget; er ſey hernach vom ganzen oder halben Tone gemacht.

§. 2.

Daß man iene Note, bey der man einen Triller anbringen muß, mit einem kleinen (tr) Buchſtaben bemerke, wiſſen wir aus dem dritten Abſchnitte des erſten Hauptſtücks. Nun muß man den Finger, mit der man eine ſolche mit dem (tr) bezeichnete Note greift, ſtark niederdrücken; und mit dem nächſten Finger den über dieſe Note ſtehenden höhern ganzen oder halben Ton anſchlagen, und wieder auf laſſen, ſo, daß dieſe zween Töne immer wechſelweis gehöret werden. Z. E. ♭tr Hier wird der erſte Finger unverruckt und ſtark im (h) niedergehalten: der zweyte oder trillierende Finger aber wird ganz leicht in der puren (c) Note auf und niedergeſchlagen; welches man ganz langſam alſo üben muß.

§. 3.

§. 3.

Da nun aber der Triller entweder mit der gröſſern oder mit der kleinern Secunde geſchlagen wird; ſo hat man genau auf die Tonart des Stückes und die nebenbey vorkommenden Ausweichungen in die zufälligen Tonarten zu ſehen. Es iſt ein ſchändlicher Fehler, den manche haben, die nicht nur allein niemals dahin ſehen, ob ſie den Triller mit der gröſſern oder kleinern Secunde ſchlagen müſſen; ſondern die den Triller entweder gar in der Terze oder im Zwiſchentone auf gerathewohl machen. Man muß alſo den Triller weder höher noch tiefer anſchlagen, als es die Tonart des Stückes erfordert. Z. E.

Mit der gröſſeren Secunde, oder der ganztönige Triller.

Mit der kleinern Secunde, oder der Halbtönige.

§. 4.

Es giebt nur einen Fall, wo es ſcheint als könnte man den Triller aus der kleinen Terze oder vergröſſerten Secunde machen: Und ein groſſer italiäniſcher Meiſter lehret ſeine Schüler ſo. Allein auch in dieſem Falle iſt es beſſer, wenn man den Triller gar weg läßt, und davor eine andere Auszierung anbringet. Z. E.

Adagio.

Hier klingt der Triller ſehr elend. Iſt beſſer ohne Triller mit einer andern Auszierung.

Ja ich ſehe gar nicht, warum man in dieſem Falle nicht ſollte den Triller mit dem puren natürlichen (d) anſchlagen können? Man verſuche es nur ſelbſt.

§. 5.

Der Anfang und das Ende eines Trillers kann auf unterſchiedliche Art gemacht werden. Man kann ihn gleich von oben herab zu ſchlagen anfangen. Z. E.

Man kann ihn aber auch durch einen abſteigenden Vorſchlag, den man etwas länger aushält, oder durch einen aufſteigenden Vorſchlag mit einem Ueberwurfe, oder durch eine ſolche zurückſchlage Bewegung vorbereiten, die man Ribattuta nennet, und welche man bey dem Schluſſe einer Cadenze anzubringen pfleget, wo man ſich an das Zeitmaaß nimmer binden darf.

Die Vorbereitung durch den abſteigenden Vorſchlag.

Durch den aufſteigenden Vorſchlag mit einem Ueberwurfe.

Durch die Ribattuta oder Zurückſchlag.

§. 6.

§. 6.

Eben also kann man den Triller entweder plattweg, oder mit einer Auszierung schliessen. Z. E.

So schliesset man am
gewöhnlichsten und
natürlichsten.

Oder mit dem Nach-
schlage.

Ein ausgezier-
ter Schluß.

Mit einem schnellen **Vorschlage** und **Nachschlage** spielt man alle kurzen Triller. Z. E.

§. 7.

Der Triller läßt sich der Geschwindigkeit nach in vier Gattungen theilen:
nämlich in den langsamen, mittelmäßigen, geschwinden und anwachsenden. Der langsame wird in traurigen und langsamen Stücken gebraucht;
der mittelmäßige in Stücken, die zwar ein lustiges, doch anbey ein gemäßigtes und artiges Tempo haben; der geschwinde in Stücken die recht lebhaft,
voller Geist und Bewegung sind; und endlich braucht man den anwachsenden
Triller meistentheils bey den Cadenzen. Diesen letztern pflegt man auch mit
piano und forte auszuschmücken: denn er wird am schönsten auf die hier beyge-
fügte Art vorgetragen.

Schwäche

§. 8.

Der **Triller** muß überhaupts nicht zu geschwind geschlagen werden, sonst wird er unverständlich, meckerend, oder ein sogenannter **Geißtriller.** Ferner darf man auf den feinern und hochgestimmten Seyten einen geschwindern **Triller** schlagen, als auf den dicken und tief gestimmten Seyten: weil die letztern sich langsam, die ersten aber sich sehr geschwind bewegen. Und endlich muß man auch, wenn man ein **Solo** spielet, den Ort beobachten, wo man seine Stücke aufzuführen gedenket. An einem kleinen Orte, welches etwa noch dazu aus= tapeziert ist, oder wo die Zuhörer gar zu nahe sind, wird ein geschwinder **Tril**= ler von besserer Wirkung seyn. Spielet man hingegen in einem grossen **Saal,** wo es sehr klinget, oder sind etwa die Zuhörer ziemlich entfernet: so wird man besser einen langsamen **Triller** machen.

§. 9.

Man muß vor allem sich üben einen langen **Triller** mit Zurückhaltung des Striches zu machen. Denn manchmal muß man eine lange Note aushalten die mit einem **Triller** bezeichnet ist: und es würde eben so ungereimt lassen da= bey abzusetzen, und den Bogen zu ändern; als wenn ein Sänger mitten in ei= ner langen Note Athem holen wollte. (a) Es ist auch nichts abgeschmackters, als wenn bey einer **Cadenze,** wo man an das Zeitmaaß nicht gebunden ist, der **Triller** so schnell und unerwart abgebrochen wird, daß die Ohren der Zu= hörer

(a) Es kann zwar alles zur Mode werden: und ich sah wirklich schon einige die beym Cadenztriller den Bogen ein paar mal änderten, um nur einen recht schrecklich langen Triller zu machen, und dadurch ein **Bravo** zu erhalten. Mir gefällt es nicht.

hörer mehr beleidiget als belustiget werden. Es wird in solchem Falle dem Gehör etwas entrissen; und man bleibt eben deßwegen unvergnügt, weil man noch eine längere Aushaltung erwartet hat: gleichwie es den Zuhörern gewiß ungemein hart fällt, wenn sie den Mangel des Athems an einem Singer bemerken. Doch ist auch nichts lächerlicheres, als ein über die Maase langer Triller. Man gehe demnach den mittlern Weeg, und mache einen solchen Triller, welcher dem guten Geschmacke am nächsten kömmt.

§. 10.

Alle Finger müssen durch eine rechtschaffene Uebung zum Trillerschlage gleich stark und geschickt gemacht werden. Man gelanget nicht geschwinder dazu, als wenn man die Triller durch alle Töne übet, und sonderheitlich den vierten Finger nicht ruhen läßt. Dieser, da er der schwächeste und kürzeste ist, muß durch die pure fleißige Uebung kräftiger, etwas länger, geschickter und brauchbarer werden. Mit dem ersten Finger wird niemals auf der leeren Seyte ein Triller geschlagen, ausgenommen bey dem Doppeltriller, davon wir bald hören werden; wo sichs auch nicht anders thun läßt. Bey dem einfachen Triller nimmt man anstatt der leeren Seyte allemal den zweyten Finger auf der tiefern Nebenseyte in der ganzen Applicatur. Z. E.

§. 11.

Die Vorschläge muß man sowohl vor als nach dem Triller am rechten Orte, und in gehöriger Länge oder Kürze anzubringen wissen. Wenn ein Triller mitten in einer Passage vorkömmt: z. E.

so wird nicht nur allein vor dem Triller ein Vorschlag gemacht; sondern der Vorschlag wird durch den halben Theil der Note gehalten: bey dem andern

Theile aber wird erst der Triller mit dem Nachschlage angebracht; so wie er hier ausgesetzet ist.

Wenn aber eine Passage mit einem Triller anfängt: so wird der Vorschlag kaum gehört, und er ist in solchem Falle nichts denn ein starker Anstoß des Trillers. Z. E.

§. 12.

Die auf den Triller unmittelbar folgende Note darf eben auch nicht allemal einen Vorschlag vor sich haben. Bey einer förmlichen Cadenze, sonderheitlich am Ende eines Stückes, und die ohne sich an das Zeitmaaß zu binden, nach Belieben gemacht wird, bey einem Hauptschlusse nämlich wird nach dem Triller vor der Schlußnote niemals ein Vorschlag gemacht, es mag hernach die Note von der Quinte herab oder von der größern Terze hinauf gehen. Z. E.

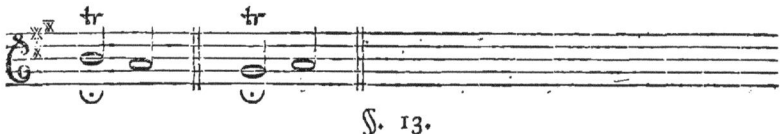

§. 13.

Auch bey den Zwischencadenzen, die absteigen und lang sind, ist es allemal besser, wenn man durch ein paar Nötchen, die man als einen Nachschlag an den Triller anhenget, und die man etwas langsamer vorträgt, gleich in den Ton der Schlußnote fällt; als wenn man durch einen Vorschlag vor der Schlußnote den Vortrag schläferig machet. Ich verstehe es aber von langen, nicht aber von kurzen Noten, bey denen der Vorschlag allezeit kann angebracht werden. Hier sind lange Zwischencadenzen.

Es

Es läßt aber noch schöner und singbarer, wenn man der letzten der zwo kleinen Nachschlagnötchen noch einen durchgehenden Vorschlag giebt, den man ganz gelind daran schleifet. Z. E.

§. 14.

Hingegen muß man bey den langen Zwischencadenzen die aufsteigen, gleich bey dem Schluße des Trillers in die Schlußnote eintretten; oder man muß den Nachschlag nur mit zwo Nötchen nehmen, und alsdann einen Vorschlag aus der Terze von zwoen Noten machen: welches man aus der Grundnote sehen muß.

Hier läßt sich ein Vorschlag von der Terze machen.

§. 15.

Hier muß man bey dem Ende des Trillers eine Vorausnehmung oder Vorauſchlagung der Schlußnote anbringen. (*)

§. 15.

Nun ſoll man freylich auch einige Regeln geben: Wenn und wo die Triller anzubringen ſind. Allein wer wird ſich doch gleich aller möglichen Zufälle erinnern, die ſich in ſo vielen Sing-und Spielmelodien eräugen können? Ich will es doch verſuchen, und einige Regeln herſetzen.

Als eine Hauptregel mag man ſichs wohl merken, niemals einen Geſang mit einem Triller anzufangen, wenn es nicht ausdrücklich hingeſchrieben iſt, oder wo es nicht ein beſonderer Ausdruck erfordert.

Hier iſt es ſchlecht, wenn man mit dem Triller anfängt.

Hier iſt es aber gut.

§. 16.

Man muß überhaupts die Noten nicht mit Trillern überhäuffen. Bey vielen ſtuffenweiſe aufeinander folgenden Achttheilnoten oder auch Sechzehntheilnoten, ſie mögen geſchleifet oder ausgeſtoſſen ſeyn, kann allemal bey der erſten von zwoen der Triller ohne Nachſchlag angebracht werden. In ſolchem Falle

le fällt der Triller auf die erste, dritte, fünfte und siebente Note, u. s. f.
Z. E.

her. hin.

Wenn man aber den Triller schon bey der Noten des Aufstreichs außer dem
Tacte anfängt: so kommt der Triller auf die zwote, vierte, und sechste
Note, u. s. f. Diese Art des Vortrags läßt noch fremder, wenn man ihn,
wie es auch seyn soll, mit verändertem Striche abspielet. Man braucht ihn aber
nur in lebhaften Stücken, und es sind alle diese Triller ohne Nachschlag.

her. hin. he. hi. her. hin. he. her.
hin. hin.

§. 17.

Wenn man vier Noten vor sich hat, deren die erste ausgestoßen, die an=
dern drey aber zusammengeschleifet vorzutragen sind; so kömmt der Triller ohne
Nachschlag auf die mittlere der drey zusammengezogenen. Z. E.

hin. her. hin. her. hin.

§. 18.

Die erste von vier gleichen Noten kann man durch den Triller ohne Vor=
schlag von den übrigen unterscheiden, wenn man die ersten zwo in einem Stri=
che zusammen schleifet, iede der andern zwo aber mit ihrem besondern Striche
abgeigt. Z. E.

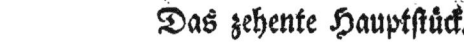

§. 19.

Wenn man punctirte Noten ohne Vorschläge vortragen will; so kann man in einem langsamen Zeitmaaße bey iedem Puncte einen kleinen Triller mit einem geschwinden Nachschlage anbringen.

Adagio.

§. 20.

Man kann aber auch bey punctierten Noten entweder die erste oder die letzte mit einem Triller ohne Nachschlag abspielen. Z. E.

Ein singbarer Vortrag.

Dieser Vortrag gehöret nur zu Spielmelodien.

Bey dem ersten Beyspiele pflegt man nicht iede Note besonders abzuzeigen; sondern man nimmt iedes Viertheil in einem Bogenstriche, doch so, zusammen: daß bey dem Puncte der Bogen aufgehoben, und die kurze Note am Ende des Bogens, kaum vor der Wendung, noch an den nämlichen Bogenstrich genommen wird.

wird. Im zweyten Beyspiele aber muß der Bogen bey dem Puncte völlig
von der Violin weggelassen werden; wie ich es hier klärer vor Augen legen
will. Z. E.

her.   hin. her. hin. her.   hin. her. hin.

Diese Triller sind aber nur kurze und geschwinde Triller ohne Nachschlag
(trilleti) oder sogenannte Pralltriller, die demjenigen, der sonst schon einen
guten machen kann, nimmer schwer zu lernen sind. Diese kurzen Triller sehen
also aus.

§. 21.

Unter den musikalischen Auszierungen, deren man sich heut zu Tage bedienet, sieht man auch aufsteigende und absteigende Triller, die meistentheils schon angezeiget werden. Es sind selbe eine Reihe stuffenweise auf und
absteigender Noten, deren iede mit einem Triller gezieret wird. Dabey ist
zu beobachten: erstlich, daß man alle Noten in einem Bogenstriche nehme;
oder wenn derselben gar zu viel sind: daß man bey dem Anfange des Tactes,
oder im geraden Tacte beym dritten Viertheile den Strich verändere. Zweytens, muß man den Bogen niemal ganz von der Violin weglassen; sondern
man muß die trillierenden Noten durch einen kaum merklichen Nachdruck mit
dem Bogen gleichsam forttragen. Drittens muß die Hülfe des Bogens mit
dem Fortrücken der Finger sich so vereinigen: daß sie nicht nur allein allezeit
zu-

zugleich mit einander fortschreiten; sondern daß der Trillerschlag niemal nach-
lasse, sonst würde man die leere Seyte dazwischen klingen hören.

Man lasse also den Finger mit welchem die Note gegriffen wird allezeit auf
der Seyte; man rücke mit der ganzen Hand nach, und man verbinde die Töne
wohl mit einander: den Finger hingegen, mit dem man den Triller schlägt,
bewege man beständig, und leicht.

§. 22.

Diese auf- und absteigenden Triller können entweder mit dem ersten oder
mit dem zweyten Finger, doch allezeit ohne Nachschlag, gemacht werden. Z. E.

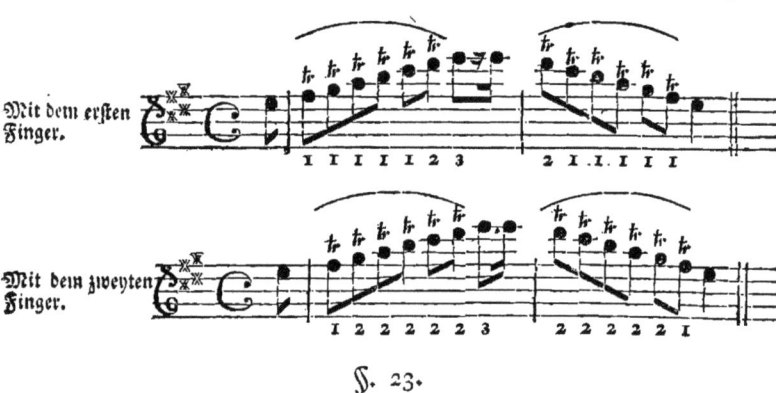

Mit dem ersten Finger.

Mit dem zweyten Finger.

§. 23.

Man muß sie aber auch mit Abwechselung der Finger vorzutragen wissen.
Z. E.

Und

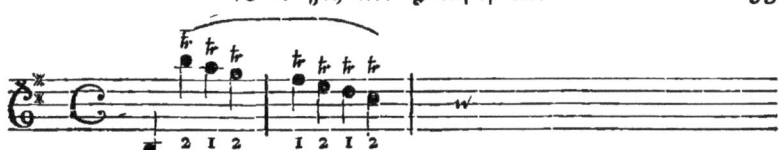

Und so kann man eine recht nützliche Uebung des auf= und absteigenden Tril=
lers durch die ganze Tonleiter mit Abwechselung der Finger auf allen vier Sey=
ten hinauf und herab öfters vornehmen. Ja ich will eine solche nützbare Uebung
einem Schüler recht sehr angerathen haben.

§. 24.

Es ist aber auch nothwendig, daß man durch die halben Töne auf= und
absteigen lerne. Z. E.

Hier muß der zweyte und erste Finger (*), sowohl im Herabrücken, als im
Hinaufgehen sich unvermerkt ändern; der trillierende Finger aber muß immer
fortschlagen.

§. 25.

Bey springenden Noten kann man zwar auch immer mit einem Triller
fortschreiten; allein es läßt sich selten, und nur meistens in Cadenzen in einem
lebhaften Allegro anbringen. Hier sind einige Beyspiele zur Uebung.

Dieſe durch ſpringende Noten fortſchreitende Triller machet man beſſer mit dem Nachſchlage.   Und die in den §. 22, 23, und 24. angezeigten auf und abſteigenden Triller können, wenn das Tempo recht langſam iſt, ebenfalls mit Nachſchlägen geſpielt werden.   Man muß aber alsdann allezeit mit dem zweyten oder dritten Finger fortſchreiten; damit der erſte und zweyte Finger zum Nachſchlage kann gebracht werden.   Der Nachſchlag muß aber ſchnell und feurig ſeyn. Z. E.

§. 26.

Es giebt eine Art des auf= und abſteigenden Trillers; wo iede Note an=ſtatt des Nachſchlages einen geſchwinden Abfall auf eine leere Seyte nach ſich hat. Z. E.

Man muß bey ſolchen Gängen den Triller ſo lang machen, als wenn es nur eine Note wäre; und der Abfall muß ganz ſpät und kaum gehöret werden. Uebrigens kann man ieden Triller mit einem beſondern Striche anfangen, oder bey geſchwinden Noten mehrere Figuren in einem Striche zuſammen nehmen. Z. E.

§. 27.

Das zehente Hauptstück.

§. 27.

Es eräuget sich oft, daß zwo Noten über einander stehen, bey derer ieden man einen Triller machen muß. In solchem Falle nun muß der Triller auf zwoen Seyten, und mit zweenen Fingern zugleich geschlagen werden. Z. E.

Hier wird der erste Finger auf der (E) Seyte, nämlich das (fis) und der dritte auf der (A) Seyte, nämlich das (b) stark niedergedrücket; der Triller aber wird auf der (E) Seyte mit dem zweyten, auf der (A) Seyte aber mit dem vierten Finger zu gleicher Zeit geschlagen. Und dieß nennet man einen Doppeltriller, oder den doppelten Triller. Man kann ihn auf die hier nachstehende Art am besten üben.

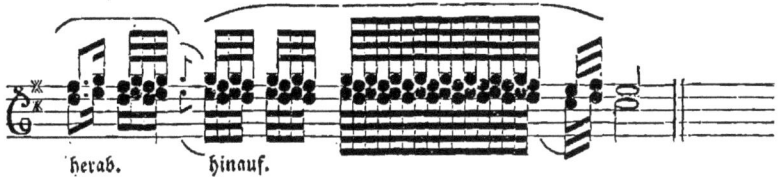

herab.   hinauf.

§. 28.

Bey dem Doppeltriller muß oft auch der erste Finger auf der leeren Seyte einen Triller machen. Z. E. Einen solchen Triller übe man auf die nachfolgende Art.

herab.   im Hinaufstriche.

Beson=

Besonders muß man bey dem Doppeltriller wohl darauf sehen, daß man nicht falsch greife: und man muß sich befleissigen, daß man die Noten mit beyden Fingern zugleich anschlage. Hier sind einige Noten, die man mit vielem Nutzen üben mag. Man bemühe sich aber solche nach und nach immer geschwinder abzuspielen, so bekommt man eine Leichtigkeit mit allen Fingern.

§. 29.

Der Doppeltriller wird auf allen Seyten, und durch alle Töne angebracht. Man muß ihn also auch in der Applicatur rein vorzutragen wissen; wo allezeit die Noten mit dem ersten und dritten Finger gegriffen, der zweyte und vierte Finger aber allemal zum Trillerschlag gebraucht werden. Ich will die Schlüsse mit dem Doppeltriller zur Uebung aus den meisten Tönen hersetzen. Man schließt aber sehr selten mit dem Nachschlage von zwo Noten.

ins

Fis

§. 30.

Der Doppeltriller ohne Nachschlage läßt sich auch durch viele Noten stuffenweise fort tragen. Man verfährt damit eben so, wie mit dem auf= und ab= steigenden Triller. Hier ist ein Beyspiel. Es wird allemal mit dem ersten und

drit=

dritten Finger fortgegangen: ausgenommen wenn auf die höhere Note eine leere Seyte kömmt; wo man alsdann den Triller mit dem ersten Finger schlägt.

§. 31.

Es giebt noch einen **Doppeltriller**, der aber nicht in der *Terze*, sondern in der **Sechste** gemacht wird. Man nennet ihn den **Sechsttriller**. Er wird selten, und nur bey **Cadenzen** zu einer **Abänderung** als etwas besonders angebracht. Er sieht also aus (*).

In dem gegenwärtigen Beyspiele wird im ersten halben Tacte bey der (h) Note allein der Triller gemacht, und die Note (e) wird nur platthin dazu ausgehalten. Bey dem zweyten halben Tacte aber wird bey der (h) Note mit dem zweyten Finger vom cis und unten bey der Note (d) mit dem ersten Finger vom (e) der Triller gemacht. Da nun aber in solchem Falle der erste Finger gleich nach einander, und zwar in der Geschwindigkeit eines Trillers, im (h) liegen, und im (d) einen Triller schlagen muß; so ist es nur gar zu handgreiflich, daß zu dem reinen Vortrage des Sechsttrillers eine besondere fleißige Uebung

höchst

höchſt nothwendig iſt. Nur will ich dabey erinnern, daß man den erſten Fin‐
ger niemal aufheben, ſondern durch eine Bewegung der ganzen Hand nur mit
dem vorderſten Theile, und etwas weniges nach der Seite an die (b) Seyte
bringen ſolle. Hier iſt es, ſo viel es möglich, auch die Noten ausgedrücket.

§. 32.

Nun kommen wir noch auf einen Triller, den ich den begleiteten Tril‐
ler (trillo accompagnato) nennen will: weil er mit noch anderen Noten, die
ganz platt einher gehen, zu gleicher Zeit begleitet wird. Es iſt gar kein Zwei‐
fel, daß zu dem reinen Vortrage dieſes begleiteten Trillers ein nicht weniger
Fleiß erfordert wird. Ich will ein paar Beyſpiele herſetzen, die aus den Stü‐
cken eines der berühmteſten Violiniſten unſerer Zeit gezogen ſi.b. Die untern
Noten muß man allemal mit ſolchen Fingern nehmen, daß dadurch die Fortſet‐
zung des Trillers bey der obern Note nicht gehindert wird. Z.E.

N. II.

N. II.

Die Finger ſind hier allemal, wo es immer nöthig iſt, durch Zahlen angezeiget. In dem erſten Beyſpiele wechſelt man ſchon die Finger im vierten
Tacte, um durch die Folge der tiefern Noten nicht gehindert zu werden den
Triller, der ſich oben bey der halben Note anfängt, immer fortzuſetzen. Im
zweyten Exempel muß man die letzte Achttheilnote (e) durch Ausſtreckung des
vierten Fingers auf der (G) Seyte nehmen; da entzwiſchen bey der ſchon liegenden (e) Note auf der (D) Seyte der zweyte Finger beſtändig den Triller
fortſchlägt. Eben dieß geſchieht im ſiebenden, neunten und fünfzehenten
Tacte. Im dritten Tacte muß man bey der halben Note (f) ſchon im halben
Theile des erſten Viertheils gleich die Finger ändern, und anſtatt des zweyten

den erſten hinſetzen, ſo bald die erſte (b) Note der unten ſtehenden Noten mit
dem dritten Finger ergriffen wird: um dem Trillerſchlag bey den obern Noten nicht zu hindern; welches auch im eilften Tacte geſchieht.   Es muß aber
auch im vierten und zwölften Tacte gleich wieder eine ſchnelle Veränderung
gemacht werden; und man würde die tiefere Viertheilnote nicht nehmen
können, wenn man nicht bey der höhern Note den erſten
Finger mit dem zweyten verwechſelte.

Das

Das eilfte Hauptstück.

Von dem Tremolo, Mordente und einigen andern willkührlichen Auszierungen.

§. 1.

Der Tremolo (a) ist eine Auszierung die aus der Natur selbst entspringet, und die nicht nur von guten Instrumentisten, sondern auch von geschickten Sängern bey einer langen Note zierlich kann angebracht werden. Die Natur selbst ist die Lehrmeisterin hiervon. Denn wenn wir eine schlaffe Seyte oder eine Glocke stark anschlagen; so hören wir nach dem Schlage eine gewisse wellenweise Schwebung (ondeggiamento) des angeschlagenen Tones: Und diesen zitterenden Nachklang nennet man Tremolo, oder Tremoleto.

§. 2.

Man bemühet sich diese natürliche Erzitterung auf den Geiginstrumenten nachzuahmen, wenn man den Finger auf eine Seyte stark niederdrücket, und mit der ganzen Hand eine kleine Bewegung machet; die aber nicht nach der Seite sondern vorwärts gegen den Sattel und zurück nach dem Schnecken gehen muß: wovon schon im fünften Hauptstücke einige Meldung geschehen ist. Denn gleichwie der zurück bleibende zitterende Klang einer angeschlagenen Seyte oder Glocke nicht rein in einem Tone fortklinget; sondern bald zu hoch bald zu tief schwebet: eben also muß man durch die Bewegung der Hand vorwärts und rückwärts diese zwischentönige Schwebung genau nachzuahmen sich befleissigen.

§. 3.

Weil nun der Tremolo nicht rein in einem Tone, sondern schwebend klinget; so würde man eben darum fehlen, wenn man iede Note mit dem Tremolo abspielen wollte. Es giebt schon solche Spieler, die bey ieder Note beständig

Hh 2   dig

(a) Ich verstehe hiedurch keinen Tremulanten, so wie er in den Orgelwerken angebracht wird, sondern eine Bebung (tremoleto).

dig zittern, als wenn sie das immerwährende Fieber hätten. Man muß den Tremolo nur an solchen Orten anbringen, wo ihn die Natur selbst hervor brin= gen würde: wenn nämlich die gegriffene Note der Anschlag einer leeren Seyte wäre. Denn bey dem Schlusse eines Stückes, oder auch sonst bey dem Ende einer Passage, die mit einer langen Note schließet, würde die letzte Note unfehl= bar, wenn sie auf einem Flügel z. E. angeschlagen würde, eine gute Zeit nach= summen. Man kann also eine Schlußnote, oder auch eine iede andere lang aushaltende Note mit dem Tremoleto auszieren.

§. 4.

Es giebt aber eine langsame, eine anwachsende, und eine geschwinde Bebung. Man kann sie zur Unterscheidung etwa also anzeigen.

Die größeren Striche mögen Achttheile, die kleinern hingegen Sechzehntheile vorstellen: und so viel Striche sind, so oft muß man die Hand bewegen.

§. 5.

Man muß aber die Bewegung mit einem starken Nachdrucke des Fingers machen, und diesen Nachdruck allemal bey der ersten Note iedes Viertheils; in der geschwinden Bewegung aber auf der ersten Note eines ieden halben Vier= theils anbringen. Zum Beyspiele will ich hier einige Noten setzen, die man sehr gut mit dem Tremolo abspielet; ja die eigentlich diese Bewegung verlan= gen. Man muß sie in der ganzen Applicatur abgeigen.

N. 1.

So muß man den Tremolo ausdrücken.

So macht man die
Bewegung.

In den zweyen Beyſpielen N. 1. fällt die Stärke der Bewegung allemal auf die mit der Zahl (2) bemerkte Note: weil ſie die erſte Note des ganzen oder halben Viertheils iſt. In dem Beyſpiele N. 2. hingegen trift die Stärke aus eben der Urſache auf die mit der Zahl (1) bezeichnete Note.

§. 6.

Man kann den Tremolo auch auf zwoen Seyten und alſo mit zweenen Fingern zugleich machen.

Die Stärke der Be-
wegung fällt auf die
erſte Note.

H h 3.   Die

Die Stärke fällt auf die zwote Note.

§. 7.

Bevor man eine Cadenze anfängt, die man beym Schlusse eines Solo nach eigener Erfindung dazu machet, pflegt man allemal eine lange Note entweder im Haupttone oder in der Quinte auszuhalten. Bey solcher langen Aushaltung kann man allezeit einen anwachsenden Tremolo anbringen. Z. E. Man kann bey dem Schlusse eines Adagio also spielen.

herab.   hinauf.   her.   hin. her.
Vom Haupttone aus.

herab.   hinauf.   her.   hin.
Von der Quinte aus.

her.   hin.   her.

Man

Man muß aber den Strich mit der Schwäche anfangen, gegen der Mitte zu wachsen, so: daß die größte Stärke auf den Anfang der geschwindern Bewegung fällt; und endlich muß man wieder mit der Schwäche den Strich enden.

§. 8.

Nun kommen wir auf den Mordente. Den Mordente nennet man die 2, 3, und mehr kleine Nötchen, die ganz schnell und still die Hauptnote, so zu reden, anpacken; sich aber augenblicklich wieder verlieren, daß man die Hauptnote nur allein stark klingen höret (b). Nach der gemeinen Redensart heißt er der Mordant, die Italiäner nennen ihn Mordente; die Franzosen aber Pincé.

§. 9.

Der Mordant wird auf dreyerley Art gemacht. Erstlich kömmt er aus der Hauptnote selbst. Zweytens aus den zweenen höher und tiefer liegenden nächsten Tönen. Drittens wird er mit drey Noten gemacht: wo die Hauptnote zwischen den zweenen benachbarten Tönen anschlägt. Hier sind alle drey.

Ich weis sehr wohl, daß sonst nur die erste Gattung, oder das so genannte französische pincé als der eigentliche Mordente das Bürgerrecht hat. Allein, da

(b) Wenn sich andere bey diesem Mordanten, oder Mordente, nach der Wortforschung, von mordere mit dem (Beissen) lustig machen; da sie ihn einen Beisser nennen: so darf ich vom französischen pincé, welches Zwicken, Zupfen oder Pfetzen heißt, wohl sagen: daß der Mordant oder das französische so genannte Pincé ganz still und geschwind sich an die Hauptnote machet, selbe ungefehr anbeisset, zwicket oder pfetzet; gleich aber wieder ausläßt.

da dieſe meine zwote und dritte Gattung auch Beiſſer ſind und folglich die Ei-
genſchaften eines Mordente haben, warum ſollte man ſie nicht auch unter die
Mordente mitlaufen laſſen? kann es denn nicht höfliche und unhöfliche Anbeiſ-
ſer geben? - Meine zwote Gattung ſieht zwar etwas dem Anſchlage ähnlich,
und die dritte ſcheinet ein Schleifer zu ſeyn.　Der Vortrag unterſcheidet ſie
aber gänzlich.　Es giebt punctierte und unpunctierte Anſchläge, und ſo wohl
die Anſchläge als Schleifer gehörn zum ſingbaren Vortrage und werden nur
im langſamen oder gemäſſigten Zeitmaaſe zur Ausfüllung und Verbindung des
Geſanges veränderlich gebraucht.　Dieſe zwote und dritte Gattung der Mordente hingegen ſind unveränderlich, werden mit der größten Geſchwindigkeit
vorgetragen, und die Stärke fällt allezeit auf die Hauptnote.

§. 10.

Die dritte Gattung der Mordanten kann auf zweyerley Art gebraucht
werden, nämlich aufſteigend und abſteigend.　Stehet die letzte Note vor
dem Mordente tiefer als die folgende, wo der Mordant angebracht wird;
ſo macht man ihn aufwärts: ſtehet die Note aber höher; ſo wird er abwärts
gemacht. Z. E.

§. 11.

Man muß aber die Noten mit dieſer Gattung Mordenten nicht über-
häufen.　Und es giebt nur wenige beſondere Fälle, wo man einen Aufſtreich
mit dem Mordente anfangen kann. Z. E.

Hier läßt es gut.　　　Hier aber ſchlecht.

§. 12.

§. 12.

Auch bey einer Folge ſtuffenweis nacheinander abſteigender Mordenten
ſpielet man die Note des Aufſtreichs allemal beſſer ohne Mordenten. Denn
von dem Aufſtreiche muß der Accent erſt auf die folgende Note flieſſen. Z. E.

§. 13.

Ueberhaupts muß man den Mordente nur brauchen, wenn man einer
Note einen beſondern Nachdruck geben will. Denn die Stärke des Tones
fällt auf die Note ſelbſt: der Mordant hingegen wird ganz ſchwach und recht
geſchwind an die Hauptnote angeſchleifet; ſonſt würde er kein Mordant mehr
heiſſen. Er macht die Note lebhaft; er unterſcheidet ſie von den übrigen, und
giebt dem ganzen Vortrage ein anderes Anſehen. Man pflegt ihn alſo bey ungleichen Noten meiſtentheils am Anfange eines Viertheils anzubringen: denn
dahin gehöret eigentlich der Nachdruck. Z. E.

§. 14.

Endlich muß ich noch erinnern, daß gleichwie bey den Vorſchlägen, alſo
auch hier der abſteigende Mordant allemal beſſer als der aufſteigende iſt: und
zwar aus den nämlichen Urſachen die wir bey den Vorſchlägen beygebracht ha-

ben. Uebrigens bestehet der gute Vortrag eines Mordenten in der Geschwindigkeit; ie geschwinder er vorgetragen wird, ie besser ist er. Man muß aber
das Geschwinde nicht bis auf das Unverständliche treiben. Auch bey dem geschwindesten Vortrage muß man die Noten verständlich und recht körnicht ausdrücken.

§. 15.

Es giebt noch einige andere Auszierungen, die meistens ihre Benennun-
gen vom Italiänischen haben. Nur das Batement (Batement) ist franzö-
sischer Herkunft: Die Ribattuta, Groppo, Tirata, mezzo Cirkulo u. d. g.
sind wälscher Geburt. Und obwohl man sie selten mehr nennen höret; so will
ich sie doch hersetzen: denn sie sind nicht ohne Nutzen; man kann sie noch wohl
brauchen. Ja, wer weis es, ob sie nicht manchen aus der Verwirrung reiß-
sen, und ihm wenigst einiges Licht anzünden in Zukunft mit mehrerer Ordnung
zu spielen? Es ist doch untröstlich immer so auf gerathewohl hinzuspielen, ohne
zu wissen was man thut.

§. 16.

Das Batement (Batement) ist ein Zusammenschlag zweener nächsten
hälben Töne, welcher Zusammenschlag von dem untern halben Tone gegen den
obern in gröster Geschwindigkeit etlichmal nacheinander wiederholet wird. Das
Batement oder dieser Zusammenschlag muß weder mit dem Tremulo, noch
mit dem Triller, noch mit dem aus der Hauptnote herfliessenden Mordente
vermischet werden. Dem Tremulo sieht der Zusammenschlag in etwas
gleich: allein dieser ist viel geschwinder, wird mit zweenen Fingern gemacht,
und übersteiget den Hauptton oder die Hauptnote nicht; da hingegen die Schwebung des Tremulo auch über den Hauptone fortschreitet. Der Triller kömmt
von oben auf die Hauptnote: der Zusammenschlag aber von unten, und zwar
allemal nur aus dem Halbentone. Und der Mordente schlägt im Hauptone
an: das Batement hergegen fängt sich im tiefern nächsten Semitone an.
Dieser Zusammenschlag sieht also aus.

Man braucht dieses Batement in lustigen Stücken anstatt der Vorschläge und Mordenten, um gewisse sonst leere Noten mit mehr Geist, und recht lebhaft vorzutragen. Das beygebrachte Beyspiel mag hiervon ein Zeuge seyn. Man muß das Batement aber nicht zu oft, ja gar selten, und nur zur Veränderung anbringen.

§. 17.

Der Zurückschlag (Ribattuta) wird bey dem Aushalten einer recht langen Note, und gemeiniglich vor einem Triller angebracht. Man sehe nur auf den fünften Paragraph des vorigen Hauptstückes zurück, und bey den Doppeltrillern habe ich durchgehends eine kurze Ribattuta voran gesetzet. Man kann den Zurückschlag auch sonst artig anbringen, zum Ex. in einem Adagio.

So stehet es geschrieben.　　Und so kann man es mit einer Ribattuta spielen.

Man muß aber die Ribattuta mit einer Stärke anfangen, die sich bey der Folge verlieret. Hier ist noch ein Beyspiel.

So kann man es mit dem Zurückschlage auszieren.

§. 18.

Die Auszierung ſo man Groppo nennet iſt eine Verbindung etwas we‑
niges aus einander ſtehender Noten, welche Verbindung durch einige geſchwinde
Noten geſchiehet. Wenn nun dieſe geſchwinde Noten vor dem Auffſteigen oder
Abſteigen allemal noch um einen Ton zurück tretten, und dieſen Aufenthalt nur
machen, um nicht zu frühe den Hauptton zu erreichen; ſo bekommen ſie da‑
durch dem Anſehen nach eine ſo knorrichte Figur: daß einige das Wort Grop‑
po vom franzöſiſchen und engliſchen (Grape,) welches eine Traube und figür‑
lich nach dem altteuſchen ein Kluſter heißt; andere aber dieſe Benennung vom
italiäniſchen Groppo ein Knotten, oder Knopf, Groppare knüpfen herlei‑
ten. Dieſe Auszierung ſieht alſo aus.

Ohne Auszierung.

Mit dem Groppo
hinauf.

Ohne Auszierung.

Mit dem Groppo
herab.

Dieſe Auszierung muß man aber nur brauchen, wenn man allein ſpielet; und
auch dort nur zur Veränderung, wenn eine dergleichen Paſſage gleich nacheiu‑
ander wiederholet wird.

§. 19.

Der Cirkel und Halbcirkel ſind wenig von dem Groppo unterſchieden.
Sind ſie nur 4. Noten; ſo nennet man ſie den Halbcirkel: ſind es aber 8.
Noten; ſo iſt es ein ganzer Cirkel. Man pflegt dieſe Figur alſo zu nennen,
weil die Noten die Geſtalt eines Kreiſes vorſtellen. Z. E.

Ohne

Ohne Auszierung.

Der Cirkel.

Hinauf steigender.   Herabgehender.

Ohne Auszierung.

Der Halbcirkel.

Hinaufsteigender.   Herabgehender.

§. 20.

Diejenigen, welche recht sehr auf die Wortforschung erpicht sind, haben auch einen erwünschten Gegenwurf an dem Wort Tirata, welches einige vom italiänischen tirare, da es nämlich ziehen heißt, und sich zur Bildung gar vieler und unterschiedlicher Sprichwörter brauchen läßt; andere aber vom tirata ein Schuß, oder tirare schiessen herleiten: wo es schon im figürlichen Verstande genommen wird, und eigentlich eine wälsche Redensart ist. Beyde haben recht. Und da die Tirata nichts anders ist, als eine Reihe stuffenweise auf oder absteigender Noten, die zwischen zwoen anderen Noten, welche von einander etwas entfernet sind, willkührlich angebracht werden; so kann es auch eine geschwinde und eine langsame Tirata geben: nachdem nämlich das Zeitmaaß geschwind oder langsam ist; oder nachdem die zwo Noten weit von einander entfernet sind. Ist die Tirata langsam? so heißt es ein Zug, und kömmt vom tirare Ziehen: denn man ziehet den Gesang durch viele Töne von einer Note zu der andern, und man verbindet die zwo auseinander stehenden Noten durch die zwischen denselben liegenden übrigen Intervallen. Ist die Tirata aber geschwind? so geschieht zwar die nämliche Verbindung: allein sie geschieht so ge-

schwind,

ſchwind, daß man ſie einem Pfeilwurfe oder Schuſſe vergleichen kann (c).
Hier ſind Beyſpiele.

Ohne Zierde.

Adagio.

Mit einer langſam
abſteigenden Tirata.

Ohne Zierde.

Adagio.

Mit einer langſam
abſteigenden Tirata.

Ohne Zierrat.

Adagio.

Adagio.

Mit einer abſteigen-
den geſchwinden Ti-
rata.

Ohne

(c) Was? Denn Schuß aus dem Reiche der Muſik verbannen? --- Das wollte ich
nicht wagen: Denn er hat ſich nicht nur in die ſchönen Künſten, ſondern aller
Orten eingedrungen. Ja wo man nichts davon wiſſen will, dort riechet es erſt
recht ſehr nach Pulver. Quisque suos patimur Manes - *Virgil.*

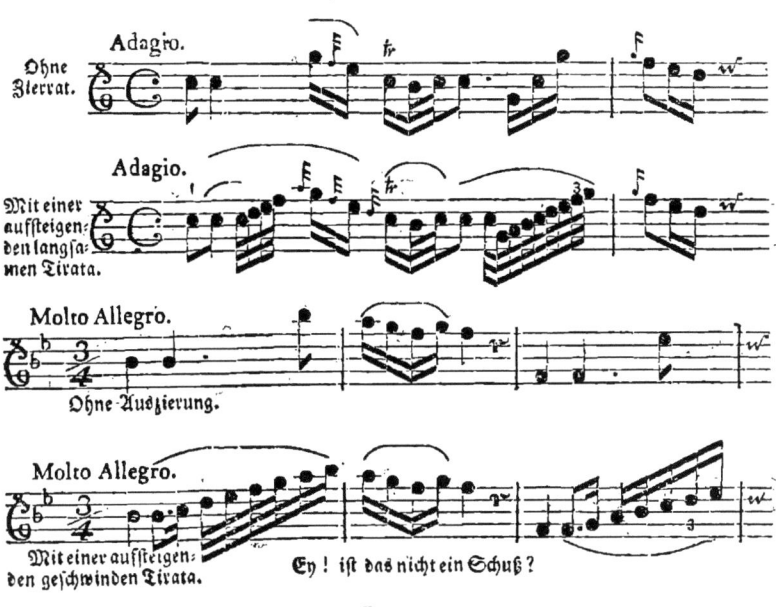

§. 21.

Man kann aber auch die Tiraten noch auf viele andere Art anbringen.
Ich will eine und die andere hersetzen. Z. E.

Ohne

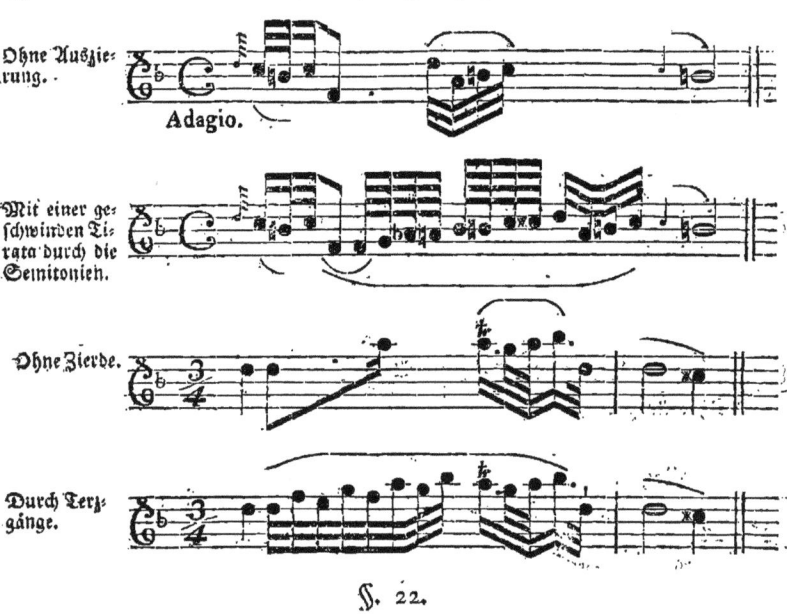

§. 22.

Alle diese Auszierungen brauche man aber nur, wenn man ein Solo spielet; und dort sehr mäßig, zur rechten Zeit, und nur zur Abwechselung einiger öfter nach einander kommenden Paßagen. Und man sehe wohl auf die Vorschrift des Componisten: denn bey der Anwendung solcher Auszierungen verräth man am ehesten seine Unwissenheit. Absonderlich aber hüte man sich vor allen willkührlichen Zieraten, wenn mehrer aus einer Stimme spielen. Was würde es vor eine Verwirrung geben, wenn ieder nach seinem Sinne die Noten verkräuseln wollte? und würde man nicht letztlich wegen den verschiedenen ungeschickt eingemischten abscheulichen Schönheiten keine Melodie mehr verstehen? ich weiß wie bange einem wird, wenn man die singbarsten Stücke durch unnöthige Verzierungen so erbärmlich verstümpeln höret. Ich will in dem folgenden Hauptstücke hiervon etwas mehrers reden.

Das

Das zwölfte Hauptstück.

Von dem richtigen Notenlesen und guten Vortrage überhaupts.

§. 1.

An der guten Ausführung ist alles gelegen. Diesen Satz bestättiget die tägliche Erfahrniß. Mancher Halbcomponist ist vom Vergnügen entzücket, und hält nun von neuem erst selbst recht viel auf sich, wenn er seinen musikalischen Galimatias von guten Spielern vortragen höret, die den Affect, an den er nicht einmal gedacht hat, am rechten Orte anzubringen, und die Charakters, die ihm niemals eingefallen sind, so viel es möglich ist zu unterscheiden, und folglich die ganze elende Schmiererey den Ohren der Zuhörer durch einen guten Vortrag erträglich zu machen wissen. Und wem ist hingegen unbekannt, daß oft die beste Composition so elend ausgeführet wird, daß der Componist selbst Noth genug hat seine eigene Arbeit zu kennen?

§. 2.

Der gute Vortrag einer Composition nach dem heutigen Geschmacke ist nicht so leicht als sich's manche einbilden, die sehr wohl zu thun glauben, wenn sie ein Stück nach ihrem Kopfe recht närrisch verzieren und verkräuseln; und die von demjenigen Affecte ganz keine Empfindung haben, der in dem Stücke soll ausgedrücket werden. Und wer sind diese Leute? Es sind meistens solche, die, da sie kaum im Tacte ein wenig gut fortkommen, sich gleich an Concerte und Solo machen, um (nach ihrer dummen Meinung) sich nur fein bald in die Zahl der Virtuosen einzubringen. Manche bringen es auch dahin, daß sie in etlichen Concerten oder Solo, die sie rechtschaffen geübet haben, die schweresten Passagen ungemein fertig wegspielen. Diese wissen sie nun auswendig. Sollen sie aber nur ein paar Menuete nach der Vorschrift des Componisten singbar vortragen; so sind sie es nicht im Stande : ja man sieht es in ihren studierten Concerten schon. Denn so lang sie ein Allegro spielen, so gehet es noch gut: wenn es aber zum Adagio kömmt; da verrathen sie ihre grosse Unwissenheit und ihre schlechte Beurtheilungskraft in allen Täcten des ganzen Stücks. Sie spielen ohne Ordnung, und ohne Ausdruck; das Schwache und Stärke wird nicht unterſchieden; die Auszierungen ſind am unrechten Orte, zu überhäuft, und meiſtens verwirret angebracht; manchmal aber ſind die Noten gar zu leer, und man merket daß der Spielende nicht weiß, was er thun ſolle. Von ſol‐ chen Leuten läßt ſich auch ſelten mehr eine Beſſerung hoffen: denn ſie ſind mehr als iemand von der Eigenliebe eingenommen; und der würde ſich in ihre größte Ungnad ſetzen, welcher ſie aus redlichem Herzen ihrer Fehler überzeugen wollte.

§. 3.

Die muſikaliſchen Stücke von guten Meiſtern richtig nach der Vorſchrift leſen, und nach dem im Stücke herrſchenden Affecte abſpielen iſt weit künſtlicher, als die ſchwereſten Solo und Concerte ſtudieren. Zu dem letzten braucht man eben nicht viel Vernunft. Und wenn man ſo viel Geſchicklichkeit hat die Appli‐ caturen auszudenken: ſo kann man die ſchwereſten Paſſagen von ſich ſelbſt ler‐ nen; wenn nur eine ſtarke Uebung dazu kömmt. Das erſte hingegen iſt nicht ſo leicht. Denn man muß nicht nur alles angemerkte und vorgeſchriebene ge‐ nau beobachten, und nicht anders, als wie es hingeſetzet iſt abſpielen: ſondern man muß auch mit einer gewiſſen Empfindung ſpielen; man muß ſich in den Affect ſetzen, der auszudrücken iſt; und man muß alle die Züge, die Schlei‐ fer, das Abſtoſſen der Noten, das Schwache und Starke, und, mit ei‐ nem Worte, alles was immer zum ſchmackhaften Vortrage eines Stückes ge‐ höret, auf eine gewiſſe gute Art anbringen und vortragen, die man nicht an‐ ders, als mit geſunder Beurtheilungskraft durch eine lange Erfahrniß erlernet.

§. 4.

Man ſchlieſſe nun ſelbſt ob nicht ein guter Orcheſtergeiger weit höher zu ſchätzen ſey, als ein purer Soloſpieler? Dieſer kann alles nach ſeiner Willkuhr ſpielen, und den Vortrag nach ſeinem Sinne, ja nach ſeiner Hand einrichten: da der erſte die Fertigkeit beſitzen muß den Geſchmack verſchiedener Componiſten, ihre Gedanken und Ausdrücke alſogleich einzuſehen und richtig vorzutragen. Die‐ ſer darf ſich nur zu Hauſe üben um alles rein herauszubringen, und andere müſſen ſich nach ihm richten; iener aber muß alles vom Blatte weg, und zwar oft ſolche Paſſagen abſpielen, die wider die natürliche Ordnung des Zeitmaaſes lauffen (a); und er muß ſich meiſtens nach andern richten. Ein Soloſpieler

kann

(a) Contra Metrum Muſicum. Hiervon habe ſchon im zweyten Abſchnitte des erſten Hauptſtückes §. 4. in der Anmerkung (d) eine Meldung gethan. Und ich weis nicht was ich denken ſolle, wenn ich eine Arie von manchem ſehr berühmten wälſchen Componiſten ſehe, die ſo wider das muſikaliſche Metrum läuft, daß man glauben ſollte, es hätte ſie ein Schüler gemacht.

kann ohne grosse Einsicht in die Musik überhaupts seine Concerte erträglich, ja auch mit Ruhme abspielen; wenn er nur einen reinen Vortrag hat: ein guter Orchestergeiger aber muß viele Einsicht in die ganze Musik, in die Setzkunst und in die Verschiedenheit der Charakters, ja er muß eine besondere lebhafte Geschicklichkeit haben, um seinem Amte mit Ehren vorzustehen; absonderlich wenn er seiner Zeit den Anführer eines Orchesters abgeben will. Vielleicht sind aber einige, welche glauben, daß man mehr gute Orchestergeiger als Solospieler findet? diese irren sich. Schlechte Accompagnisten giebt es freylich genug; gute hingegen sehr wenig: denn heut zu Tage will alles Solo spielen. Wie aber ein Orchester aussieht, welches aus lauter Solospielern bestehet, das lasse ich jene Herren Componisten beantworten, die ihre Musiken dabey aufgeführet haben. Wenig Solospieler lesen gut: weil sie allemal nach ihrer Phantasie etwas einzumischen, und nur auf sich allein, selten aber auch auf andere zu sehen gewohnet sind (b).

§. 5.

Man muß also nicht Solospielen, bevor man nicht recht gut accompagniren kann. Man muß vorher alle Veränderungen des Bogenstriches genau zu machen wissen; man muß das Schwache und Starke am rechten Orte und mit rechtem Maase anzubringen verstehen; man muß lernen die Charakters der Stücke unterscheiden, und alle Passagen nach ihrem erforderlichen eigenen Geschmacke vortragen, und mit einem Worte, man muß eher vieler geschickten Leute Arbeit richtig und zierlich lesen können, ehe man anfängt Concerte und Solo zu spielen. Man kennet es gleich an dem Gemälde, ob derjenige der es verfertiget hat ein Meister im Zeichnen ist: gleichwie mancher sein Solo vernünftiger spielen würde, wenn er iemals eine Sinfonie oder ein Trio nach dem darinnen erforderlichen guten Geschmacke vorzutragen, oder eine Arie mit dem rechten Affecte und nach dem derselben eigenen Charactere zu accompaniren gelernet hätte. Ich will mich bemühen einige kurze Regeln herzusetzen, deren man sich bey der Aufführung einer Musik mit Nutzen bedienen kann.

§. 6.

Daß man sein Instrument gut und rein mit den übrigen einstimmen müsse, das weiß man zwar ohnedem und meine Erinnerung scheinet in solchem Falle

etwas

(b) Ich rede aber hier keinesweas von jenen grossen Virtuosen, die neben ihrer ausserordentlichen Kunst in Abspielung der Concerte, auch gute Orchestergeiger sind. Dieß sind Leute die wirklich die grösseste Hochachtung verdienen.

etwas überflüſſiges zu ſeyn. Allein wenn oft ſo gar Leute die das erſte Vio‐
lin vorſtellen wollen ihre Inſtrumente nicht rein zuſammen ſtimmen, ſo ſinde
ich höchſt nothwendig ſolches hier zu erinnern: um ſo mehr, als ſich die übrigen
alle nach dem erſten Violiniſten einſtimmen ſollen. Wenn man bey einer Orgel
oder Flügel ſpielet, ſo muß man ſich mit der Stimmung nach ſolchen richten:
ſind aber keines von beyden da, ſo nimmt man den Ton von den Blasinſtru‐
menten. Einige ſtimmen am erſten die (A) Seyte, andere hingegen die (D)
Seyte. Beyde thun recht, wenn ſie nur fleißig und rein ſtimmen. Nur will
ich noch erinnern: daß die Seyteninſtrumenten in einem warmen Zimmer alle‐
mal tiefer, in der Kälte aber höher werden.

§. 7.

Bevor man zu ſpielen anfängt muß man das Stück wohl anſehen und be‐
trachten. Man muß den Charakter, das Tempo und die Art der Bewegung,
ſo das Stück erfordert, aufſuchen, und ſorgfältig nachſehen, ob nicht eine
Paſſage darinnen ſtecket, die oft beym erſten Anſehen nicht viel zu bedeuten
hat, wegen der beſondern Art des Vortrags und des Ausdruckes aber eben
nicht leicht abzuſpielen iſt. Man muß ſich endlich bey der Ausübung ſelbſt alle
Mühe geben den Affect zu finden und richtig vorzutragen, den der Componiſt
hat anbringen wollen; und da oft das Traurige mit dem Fröhlichen abwechſelt:
ſo muß man jedes nach ſeiner Art vorzutragen befliſſen ſeyn. Mit einem Wor‐
te, man muß alles ſo ſpielen, daß man ſelbſt davon gerühret wird (c).

§. 8.

Aus dieſem flieſſet: daß man die vorgeſchriebenen Piano und Forte aufs
genaueſte beobachten, und nicht immer in einem Tone fortleyren muß. Ja
man muß das Schwache mit dem Starken, ohne Vorſchrift, auch meiſtens
ſelbſt abzuwechſeln und jedes am rechten Orte anzubringen wiſſen: denn dieß
heißt nach dem bekannten Mahlerſpruche, Licht und Schatten. Die durch
(✕) und (♮) erhöheten Noten ſoll man allemal etwas ſtärker anſpielen, in der
Folge der Melodie aber im Tone wieder abnehmen. Z. E.

Eben

(c) Es iſt ſchlecht genug, daß mancher niemals an das denkt, was er wirklich thut,
ſondern ſeine Noten nur ſo wie im Traume wegſpielet, oder als wenn er ge‐
radezu für ſich allein ſpielete. Ein ſolcher nimmt es nicht wahr, wenn er gleich
ein paar Viertheile im Tacte voraus läuft: und ich wette darauf er würde das
Stück um ein paar Tacte eher als andere enden, wenn nicht der Nächſte an
ihm, oder der Anführer ſelbſt ihm ſolches erinnerte.

Eben so muß man eine durch (b) und (♮) angebrachte schnelle Erniedrigung durch die Stärke unterscheiden. Z. E.

Man pflegt halbe Noten, wenn sie unter kurzen Noten vermischet sind, allemal stark anzustoßen und im Tone wieder nachlassen. Z. E.

Ja manche Viertheilnote wird auch auf eben diese Art gespielet. Z. E.

Und dieß ist iener Ausdruck den der Componist eigentlich verlanget, wenn er ein *f* und *p* nämlich Forte und Piano, zu einer Note setzet. Man muß aber, wenn man die Note stark angestoßen hat, den Bogen nicht von der Sente weglaßen, wie einige sehr ungeschickt thun; sondern der Bogen muß fortgeführet und folglich der Ton noch immer gehöret werden, nur daß er sich gelind verliere. Man lese nach was ich am 44. Blatte in der Anmerkung (*k*) erinnert habe.

§. 9.

Meistens fällt der Accent (*d*) der Ausdruck oder die Stärke des Tones auf die herrschende oder anschlagende Note, welche die Italiäner Nota

(*d*) Ich verstehe hier durch das Wort: Accent, keineswegs der Franzosen ihr le Port de Voix, darüber Rousseau in seiner Methode apprendre á chanter. p. 56. eine Erklärung geben will: sondern einen Ausdruck (Expreßion), Nachdruck oder Emphasis, vom griechischen ἐν, in und φάσις, apparitio, dictio.

buona nennen. Diese anschlagende oder gute Noten sind aber merklich von einander unterschieden. Die sonderbar herrschenden Noten sind folgende: in iedem Tact die das erste Viertheil anschlagende Note; die erste Note des halben Tactes oder dritten Viertheils im Vierviertheiltacte; die erste Note des ersten und vierten Viertheils $\frac{6}{4}$ und $\frac{6}{8}$ Tacte; und die erste Note des ersten, vierten, siebenden und zehenden Viertheils im $\frac{12}{8}$ Tacte. Diese nun mögen iene anschlagende Noten heissen, auf die allemal die meiste Stärke des Tones fällt: wenn anders der Componist keinen andern Ausdruck hingesetzet hat. Bey dem gemeinen Accompagniren einer Arie oder einer Concertstimme, wo meistens nur Achttheilnoten oder Sechzehntheilnoten vorkommen, werden sie itzt meistens abgesondert hingeschrieben, oder wenigst Anfangs ein paar Täcte mit einem kleinen Striche bemerket. Z. E.

Man muß also auf solche Art fortfahren die erste Note stark anzustossen, bis eine Abänderung vorkömmt.

§. 10.

Die andern guten Noten sind die, welche zwar allezeit durch eine kleine Stärke von den übrigen unterschieden sind; bey denen man aber die Stärke sehr gemäßiget anbringen muß. Es sind nämlich die Viertheilnoten und Achttheilnoten im Allabreve Tacte, und die Viertheilnoten in dem so genannten halben Trippel; ferner die Achttheilnoten und Sechzehntheilnoten im geraden und auch im $\frac{2}{4}$ und $\frac{3}{4}$ Tacte; und endlich die Sechzehntheilnoten im $\frac{3}{8}$ und $\frac{6}{8}$ u. s. f. Wenn nun dergleichen mehrere Noten nacheinander folgen, über deren zwo und zwo ein Bogen stehet: so fällt auf die erste der zwoen der Accent, und sie wird nicht nur etwas stärker angespielet, sondern auch etwas länger angehalten; die zwote aber wird ganz gelind, und still, auch etwas später daran geschleifet. Ein Beyspiel hiervon
von

von ſehe man im erſten Abſchnitte des ſiebenden Hauptſtücks §. 3. ſonder=
bar aber leſe man den im zweyten Abſchnitte des ſiebenden Hauptſtücks
5. §. und man beſehe die Beyſpiele. Es ſind aber auch oft 3, 4, und noch
mehrere Noten durch einen ſolchen Bogen und Halbcirkel zuſammen verbunden.
In ſolchem Falle muß man die erſte derſelben etwas ſtärker anſtoſſen, und ein
wenig länger anhalten, die übrigen hingegen durch Abnehmung der Stärke im=
mer ſtiller, ohne mindeſten Nachdruck, in dem nämlichen Striche daran ſchlei=
fen. Man erinnere ſich öfters des ſiebenden Hautſtückes, und ſonderheitlich
was im erſten Abſchnitte deſſelben §. 20. geſagt worden.

§. 11.

Aus eben dem ſechſten und ſiebenden Hauptſtücke ſiehet man, wie
ſehr das Schleifen und Stoſſen die Melodie unterſcheide. Man muß alſo
nicht nur die hingeſchriebenen und vorgezeichneten Schleifer genaueſt beobachten:
ſondern wenn in mancher Compoſition gar nichts angezeiget iſt; ſo muß man
das Schleifen und Stoſſen ſelbſt ſchmackhaft und am rechten Orte anzubringen
wiſſen. Das Hauptſtück von den vielen Veränderungen des Bogen=
ſtriches wird ſonderbar im zweyten Abſchnitte zum Unterricht dienen, wie
man öfters eine beliebte Abänderung machen ſolle, die doch allemal dem Cha=
rakter des Stückes ähnlich ſeyn muß.

§. 12.

Es giebt heut zu Tage gewiſſe Paſſagen, wo der Ausdruck von einem
geſchickten Componiſten auf eine ganz beſondere ungewöhnliche und unverhofte
Art angebracht wird, welches nicht ieder errathen würde, wenn es nicht ange=
zeiget wäre. Z. E.

Denn hier fällt der Ausdruck und die Stärke des Tones auf das letzte Viertheil
des Tactes, und das erſte Viertheil des folgenden Tactes wird ganz ſtill und
ohne Nachdruck daran gehalten. Man unterſcheide alſo dieſe beyde Noten
keineswegs durch ein Nachdrücken mit dem Geigebogen; ſondern man ſpiele
ſie, als wenn ſie nur eine hälbe Note wären. Auch hier mag man ſich des 18.
§. im

§. im dritten Abschnitte des ersten Hauptstücks, und der Anmerkung
(k) erinnern.

§. 13.

In lustigen Stücken bringt man meistens den Accent bey der höchsten
Note an, um den Vortrag recht lebend zu machen. Da geschieht es nun,
daß der Nachdruck auf die letzte Note des zweyten und vierten Viertheils im
geraden Tacte, im Zweyviertheiltacte aber auf das Ende des zweyten Viertheiles fällt; sonderbar wenn sich das Stück im Aufstreiche anfängt. Z. E.

Dieß läßt sich nun aber in langsamen und traurigen Stücken nicht thun: denn
da muß die Aufstreichsnote nicht abgestossen, sondern angehalten und singbar vorgetragen werden.

§. 14.

Im Dreyviertheil und Dreyachttheiltacte kann der Accent auch auf das
zweyte Viertheil fallen. Z. E.

§. 15.

Man siehet in dem letzten Beyspiele, daß im ersten Tacte die punctierte
Viertheilnote (D) durch einen Bogen an die darauf folgende Achttheilnote (E)
verbunden ist. Man muß demnach bey dem Puncte mit dem Geigebogen nicht
nachdrücken, sondern so wohl hier, als bey allen dergleichen Fällen die Viertheilnote mit einer mäßigen Stärke angreifen, die Zeit des Puncts ohne Nachdruck aushalten und die darauf folgende Achttheilnote ganz still daran schleifen.
Ich habe es schon im dritten Abschnitte des ersten Hauptstückes §. 9.
erinneret.

§. 16.

§. 16.

Eben also muß man auch jene Noten, die sonst dem Tacte nach sollten zertheilet werden, niemals abtheilen, oder die Abtheilung durch einen Nachdruck bemerken; sondern man muß sie nur anstoßen und still aushalten, nicht anders, als wenn sie am Anfange des Viertheiles stünden. Man lese nur den §. 21, 22, und 23. des vierten Hauptstückes. Wo auch schon Beyspiele genug sind. Hieher gehöret auch was am Ende des §. 18. im dritten Abschnitte des ersten Hauptstückes gesagt worden; und man vergeße ja die Anmerkung (k) nicht. Diese Art des Vortrages machet ein gewisses gebrochenes Tempo, welches, da oder die Mittelstimme, oder der Baß, mit der Oberstimme sich zu trennen scheinen, sehr fremd und artig läßt, auch verursachet, daß in gewissen Paßagen die Quinten nicht so mit einander anstoßen, sondern wechselweise nach einander anschlagen. Z. E. hier sind drey Stimmen.

§. 17.

Sowohl in dem itzt beygebrachten Falle, als wo immer ein Forte hingeschrieben ist, muß man die Stärke mit Maaße brauchen und nicht närrisch reißen: sonderbar bey der Begleitung einer Concertstimme. Manche thun eine Sache gar nicht, oder wenn sies thun, so ist sie gewiß übertrieben. Man muß auch den Affect sehen. Oft erfordert eine Note einen stärkern Anstoß; manchmal einen mittelmäßigen; und oft einen kaum merklichen. Das erste geschieht gemeiniglich bey einem gähen Ausdruck, den alle Instrumente zugleich machen; und dieser wird meistens durch (𝄐𝑃) angezeiget. Z. E.

Das zweyte geschieht bey den sonderbar herrschenden Noten, wovon im §. 9. dieses Hauptstückes gesprochen worden. Das dritte ergiebt sich bey allen den übrigen im §. 10. erst angezeigten Noten, wo man eine kaum merkliche Stärke anbringen muß. Denn wenn man gleich unter der Begleitung einer concertierenden Stimme viele Forte hingeschrieben siehet; so muß man doch die Stärke mit seiner Maasse brauchen und nicht so übertreiben, daß man die Hauptstimme dadurch unterdrücket. Eine solche wenige und kurz angebrachte Stärke muß vielmehr die Hauptstimme erheben, die Melodie begeistern, dem Concertisten aushelfen, und ihm die Mühe das Stück recht zu Charakterisieren, erleichtern.

§. 18.

Gleichwie man nun das **Schleifen** und das **Stossen**, das **Schwache** und das **Starke** nach Erforderung des Ausdruckes genauest beobachten muß: eben so muß man auch nicht beständig mit einem schleppenden schweren Striche fortspielen, sondern sich nach dem bey ieder Passage herrschenden Affecte richten. Lustige und tändelnde Passagen müssen mit leichten und kurzen Bogenstrichen erhoben, frölich und geschwind weggespielet werden: gleichwie man langsame und traurige Stücke mit langen Bogenzügen, nahrhaft, und mit Zärtlichkeit vortragen muß.

§. 19.

Bey der Begleitung einer Concertstimme muß man meistens die Noten nicht anhaltend, sondern schnell wegspielen, und in dem $\frac{6}{8}$ und $\frac{12}{8}$ Tacte sind die schwarzen Noten fast wie Achttheilnoten abzuzeigen: um den Vortrag nicht schläfferig zu machen. Man sehe aber auf die Gleichheit des Zeitmaases; und die schwarze Note muß man mehr hören als die Achttheilnote. Z. E.

So heißt es.   und es wird fast so gespielt.

§. 20.

Viele, die von dem Geschmacke keinen Begriff haben, wollen bey dem Accompagnement einer concertirenden Stimme niemals bey der Gleichheit des Tactes bleiben; sondern sie bemühen sich immer der Hauptstimme nachzugeben.

Dieß

Dieß sind Accompagnisten für Stümpler und nicht für Meister. Wenn man manche italiänische Sängerinn, oder sonst solche Einbildungsvirtuosen vor sich hat, die dasjenige, was sie auswendig lernen, nicht einmal nach dem richtigen Zeitmaase fortbringen; da muß man freylich ganze halbe Täcte fahren lassen, um sie von der öffentlichen Schande zu retten. Allein wenn man einem wahren Virtuosen, der dieses Titels würdig ist, accompagniret; dann muß man sich durch das Verziehen, oder Vorausnehmen der Noten, welches er alles sehr geschickt und rührend anzubringen weis, weder zum Zaudern noch zum Eilen verleiten lassen; sondern allemal in gleicher Art der Bewegung fortspielen: sonst würde man dasjenige was der Concertist aufbauen wollte, durch das Accompagnement wieder einreissen. (e)

§. 21.

Uebrigens müssen bey einer Musik, wenn sie anders gut seyn solle, alle die Zusammenspielenden einander wohl beobachten und sonderheitlich auf ihren Anführer sehen: damit sie nicht nur zugleich anfangen; sondern damit sie beständig in gleichem Tempo, und mit gleichem Ausdrucke spielen. Es giebt gewisse Passagen bey deren Abspielung man leicht ins Eilen geräth. Man erinnere sich nur des §. 38. im vierten Hauptstücke. Und im sechsten und siebenden Hauptstücke hat man die Gleichheit des Zeitmaaßes mehr den einmal eingeschärfet. Ferner muß man sich befleissigen die Accorde schnell und zugleich, die nach einem Puncte oder kleinen Sospir folgenden kurzen Noten aber spät und geschwind wegzuspielen. Man sehe nur was ich im zweyten Abschnitte des siebenden Hauptstückes §. 2. und 3. gelehret habe; man suche eben dort die Exempel nach. Wenn im Aufstriche, oder nach einer kurzen Sospir mehrere Noten abzugeigen sind; so pflegt man sie in einem Herabstriche zu nehmen, und in einem Zuge an die erste Note des folgenden Viertheiles zu hengen. Da müssen die Zusammenspielenden besonders einander beobach-

Ll 2

(e) Ein geschickter Accompagnist muß also einen Concertisten beurtheilen können. Einem rechtschaffenen Virtuosen, darf er gewiß nicht nachgeben: denn er würde ihm sonst sein Tempo rubato verderben. Was aber das gestohlene Tempo ist, kann mehr gezeiget als beschrieben werden. Hat man hingegen mit einem Virtuosen von der Einbildung zu thun? da mag man oft in einem Adagio Cantabile manche Achttheilnote die Zeit eines halben Tactes aushalten, bis er gleichwohl von seinem Paroxismus wieder zu sich kömmt; und es geht nichts nach dem Tacte: denn er spielt Recitativisch.

obachten, und nicht zu frühe anfangen. Hier ist ein Beyspiel mit Accorden und Sospiren.

§. 22.

Alles, was ich nun in diesem letzten Hauptstücke niedergeschrieben habe, betrift eigentlich das richtige Notenlesen, und überhaupts den reinen und vernünftigen Vortrag eines gut gesetzten musikalischen Stückes. Und alle meine Bemühung, die ich in Verfassung dieses Buches angewendet habe, zielet dahin: die Anfänger auf den rechten Weg zu bringen, und zur Erkänntniß und Empfindung des guten musikalischen Geschmackes vorzubereiten. Ich will also hier schliessen, zugleich aber dasjenige wiederholen, was ich am Ende der ersten Auflage dieser Violinschule gesagt habe: daß nämlich noch vieles für die Herrn Concertisten zu sagen wäre, und daß ich es vielleicht noch einmal wagen werde die musikalische Welt mit einer Schrift zu vermehren. Ich würde es auch ohnfehlbar gewagt haben, wenn mich meine Reisen nicht gehindert hätten. Die Vorrede zu dieser Auflage enthält meine Entschuldigung umständlich. Ich hoffe noch mein Wort zu halten, da ich gesehen, daß mein Eifer den Anfängern zu dienen nicht ohne Nutzen war, und daß die gelehrten Herrn Tonkünstler meine geringe Bemühung mit so vieler Güte beurtheilet haben.

Ende der Violinschule.

Register

Register
der vornehmsten Sachen

Die römische Zahl zeiget das Hauptstück; die deutsche Ziffer hingegen den §. an.
Sind aber zwo römische Zahlen beysammen: so führet die erste und etwas
grössere zwar auf das Hauptstück; die zwote, etwas kleinere und Cursive
aber bedeutet den Abschnitt. Das (E) heißt, die Einleitung.

A.

Abfall eine musikalische Auszierung.
siehe: Rückfall.

Abschnitte, was man in der Musik so
heißt: V. 14.

Abstossen der Noten, wie es angezeiget wird. I. III. 20. wie man die
Noten abstossen solle. IV. 38. und
VII. II. 2. Das Abstossen der Noten muß man genau nach der Vorschrift des Componisten beobachten;
und auch oft selbst geschickt anzubringen wissen. XII. 3. 11.

Abtheilung des Bogenstriches in das
Schwache und Starke. V. 3. 4. 5.
u. s. f.

Accent der musikalische, auf welche Noten er kömmt. XII. 9. 10. auf eine
besondere Art angebracht. XII. 12.
13. 14.

Accompagniren. einige Regeln davon. XII. 9. 17. 18. 19. 20.

Accorde. wie man sie spielen soll. XII.
21. gebrochene. s. Arpeggieren.

Adagio, wird oft schlecht gespielet. XII.
2.

Affect wird oft vom Componisten angezeiget. VI. 3. Der Bogenstrich muß
zur Erregung der Affecten vieles beytragen. VII. I. 1. Der Affect muß in
einem Stücke aufgesucht, und beym
Vortrage beobachtet werden. XII. 3. 7.

Alphabeth zur Violin. I. I. 14. wenn
es solle gelernet werden. II. 6. soll gut
gelernet werden. II. 7. eines durch
(✕) und (b) III. 6.

Amphion. E. II. 5.

Anfänger sollen nicht gleich zu geigen
anfangen. I. I. 1. wie man sie im
Tacte unterweisen solle. I. II. 8. 9.
10. 11. wie man sie wegen der Eintheilung der Noten und Pausen versuchen solle. I. III. 12. wie ein Anfänger die Geigen halten, und den
Bogen führen solle. II. 1. 2. 3. 4.
u. s. w. wie man sie mit Vortheile
unterweisen solle. II. 8. warum sie anfangs meistens in (C) Dur gesetzte
Stücke spielen sollen. II. 9. man soll
ihnen die Buchstaben nicht auf die
Violin schreiben. II. 10. die Anfän-

ger

ger sollen allezeit stark und ernstlich spielen. II. 11. wie sie die Tonarten sollen erkennen lernen. III. 2. 3. 4. sollen alle Intervallen kennen lernen. III. 5. sollen den vierten Finger oft brauchen. III 7. was sie nach Erlernung des Alphabets spielen sollen. III.8. 9.

Anführer muß bey einer Musik von allen wohl beobachtet werden. XII. 21.

Anschlag eine musikalische Auszierung. IX. 12.

Apollo. E. II. 5.

Applicatur was es ist. VIII. I. 1. dessen Ursache. VIII. I. 2. ist dreyfach VIII. I. 3. die ganze Applicatur. VIII. I. 4. 5. 6. wie man sich dazu geschickt machet. VIII. I. 7. wie man sie hinauf und herab spielet. VIII. I. 8. 9. 10. 11. 12. u. s. f. die halbe Applicatur. VIII. II. 1. 2. 3. 4. u. s. f. die vermischte Applicatur. VIII. III. 1. 2. 3. u. s. w.

Aristoxen. E. II. 5.

Arpeggieren. was es ist und wie es gemacht wird. VIII. III. 18.

Auflösungszeichen. I. III. 13.

Aufstreich. I. III. 24.

Ausdruck. s. Accent.

Ausführung. an der guten ist alles gelegen. XII. 1.

Aushaltung einer Note, Zeichen davon, und die Zeit derselben. I. III. 19.

Auszierungen soll man mäßig brauche, und wenn sie zu brauchen sind. XI. 22.

B.

(B) Dieser Buchstab muß sonderheitlich beobachtet werden. I. I. 14. B (b)

was es ist und wie es in der Musik gebraucht wird. I. III. 13. 14. 15.

Batement. s. Zusammenschlag.

Barydon, der so genannte. E. I. 2.

Bebung. s. Tremolo.

Beyspiele. warum ich sie meistens in (C) dur gesetzet habe. VI. 19.

Bewegung der Hand beym Aushalten einer langen Note. V. 5.

Boetius. E. II. 3.

Boden der Violin. E. I. 3.

Bogen. wie der Geigebogen soll gehalten und geführet werden. II. 5. 6.

Bogenstrich. Regeln des Hinauf= und Herabstriches. IV. 1. 2. 3. u. s. w. Exempeln darüber. IV. 38. Abtheilung in das Schwache und Starke. V. 3. 4. u. s. f. muß bald nahe am Sattel, bald entfernt gemacht werden. V. 11. Die Striche solle man gut miteinander verbinden. V. 14. Veränderung des Striches bey Triolen. VI. 3. 4. u. s. w. bey gleichen Noten. VII. I. 1. 2. 3. u. s. f. bey ungleichen Noten. VII. II. 1. 2. 3. u. s. w. Der Bogenstrich unterscheidet alles VII. I. 1.

Bratschen (Viola di Braccio) E. I. 2.

Buchstaben. die musikalischen. I. I. 12. wo sie bey der Violin stehen. I. I. 13. 14. man soll sie den Anfängern nicht auf die Violin schreiben. II. 10.

C.

Canonici, wer sie waren. E. II. 5.

Charakter eines Stückes muß untersucht werden. XII. 4. 5. 7.

Cirkel und Halbcirkel musikalischer Aus=

Auszierungen. XI. 19. Der Halbcirkel
das Verbindungszeichen. I. III. 16. als
ein Zeichen des Aushalten. I. III. 19.
Componisten sollen die Veränderung
des Bogenstriches anzeige. VI. 3. sollen
aber bey Vorschreibung des Vortrages
eine vernünftige Wahl treffen. VII. I. 1.
Concertstimme, wie man sie begleiten
solle. XII. 9. 17. 19. 20.
Corona, was es ist. I. III. 19.
Corpus oder Körper der Violin. E. I. 3.
Custos musicus. was es ist. I. III. 26.

D.

Dach auf der Violin. E. I. 3.
Darmseyten. s. Seyten.
Didymus. E. II. 5.
Diodor. E. II. 5.
Doppelgriffe. s. Griffe.
Doppelschlag. eine musik. Auszierung.
IX. 27.
Dreyerl. s. Triolen.
Durtöne. s. Tonart.

E.

Einklang. unisonus. III. 5.
Einschnitte. V. 14.
Emphatik. s. Accent.
Erfinder der Musik. E. II. 3. und der
musikalischen Instrumente. E. II. 5.
Erhöhungszeichen. I. III. 13. dabey
muß man oft andere Finger brauchen.
I. III. 14. der vierte Finger ist dabey
nothwendig. III. 6. das doppelte Er-
höhungszeichen. I. III. 25. Eine
Tonleiter mit (𝄪). III. 6.
Erniedrigungszeichen. I. III. 13. Ein
Alphabet davon. III. 6. Das doppelte
Erniedrigungszeichen. I. III. 25.

Erempel. s. Beyspiele.
Expression. s. Accent.

F.

(f. p.) was diese Buchstaben anzeigen.
XII. 8.
Figur. (gewisse zusammen gehörige Noten) können durch den Bogenstrich
vielmal verändert werden. VI. 3.
Finger. Ordnung derselben auf der Violine. I. I. 14. und III. 6. der vierte
Finger soll öfters gebraucht werden.
III. 7. warum er oft nothwendig ist.
V. 13. und VI. 5. 17. wie die Finger
bey der ganzen Applicatur gebraucht
werden. VIII. I. 4. 5. 6. 8. 9. u. s. f.
bey der halben. VIII. II 1. 2. 3. u. s. w.
bey der vermischten. VIII. III 2. 3.
u. s. f. der Finger Verlegung oder Ueberlegung. VIII. III. 15. man muß oft mit
allen Fingern zurück gehen. VIII. III.
16. den vierten Finger ausstrecken.
VIII. III. 9. oder auch den ersten zurückziehen. VIII. III 10. oft aber zweene
Finger ausstrecken. VIII. III. 11.
Flascholet, das sogenannte, soll nicht
unter andere natürliche Violintöne ge-
mischet werden. V 13.
Forte (forte) s. Stärke.

G.

Gamba. E. I. 2.
Geige. Unterscheid, zwischen dem Wor-
te Geige und Violin. E. I. 1. Die
verschiedenen Gattungen derselben. E.
I. 2. siehe ferner Violin.
Geigebogen, ist auch schon bey einigen
Instrumente der Alten gebraucht wor-
de. E. II. 8. s. Bogen.   Ge-

Register.

Gesellschaft musikalische. Nachricht davon. E. I. 6.

Geschichte der Musik. E. II. 5.

Gregor der grosse. E. II. 5. er verändert die Musik. I. 1. 4.

Griechen. sie sangen über ihre Buchstaben. I. I. 3. ihr Zeitmaaß. I. I. 4.

Griffe auf der Violin. I. I. 14. Doppelgriffe. VIII. II. 11. und VIII. III. 8. 9. 10. 11. 12. 15. 16. u. s. f. eine sehr nützliche Beobachtung bey Doppelgriffen. VIII. III. 20.

Groppo, eine musikalische Auszierung. XI. 18.

Guido von Arrezo. E. II. 5. machte eine Veränderung in der Musik. I. I. 5. 6.

H.

Halbcirkel. s. Cirkel.

Halbtriller. IX. 29.

Harmonici. wer sie waren. E. II. 5.

Harte Tonart. s. Tonart.

Historie musikalische. E. II. 5.

Homer. E. II. 5.

J.

Instrumente musikalische, der alten Zeiten. E. II. 4. deren Erfinder. E. II. 5. 6. 8. Seyteninstrumenten verändern sich durch Wärme und Kälte. XII. 6.

Instrumentisten, sollen ihren Vortrag nach der Singmusik einrichten. V. 14.

Intervallen, musikalische, was sie sind und wie vielerley. III. 5.

Jubal. E. II. 3.

K.

Kunstwörter musikalische. I. III. 27.

Kreutzel, das so genannte. I. III. 13. 14. s. Erhöhungszeichen.

L.

Lactantius. E. II. 5.

Leyer der Alten was sie war, und ihr Ursprung. E. II. 6.

Linien musikalische. I. I. 8.

Lucian. E. II. 5.

M.

Maibom. (Marcus Maibomius) E. II. 5.

Marpurg, ein gelehrter Musikverständiger. E. II. 5.

Matematiker sollen den Geigenmachern bey Verfertigung der Instrumente an die Hande gehen. E. I. 6.

Mäßigung des Bogens. V. 10.

Merkur. E. II. 5. 6. 8.

Mizler ein gelehrter Musikverständiger. E. I. 6.

Molltöne. s. Tonart.

Mordente. was er ist und wie vielerley. XI. 8. 9. ist aufsteigend und absteigend. XI. 10. man muß ihn mäßig brauchen; und wo XI. 11. 12. 13. muß körnichtvorgetragen werden. XI. 14.

Murs. Jean de Muis oder Johann von der Mauer. E. II. 5. er verändert die Musik sehr merklich. I. 1. 7.

Musik. Wortforschung. E. II. 2. die Erfindung. E. II. 3. Singmusik soll das Augenmerk der Instrumentisten seyn. V. 14. Veränderung derselben. I. I. 4. 5. 6. 7.

Musikalische Gesellschaft. s. Gesellschaft.

Musikalische Geschichte. E. II. 5.

Musikalische Kunstwörter. I. III. 27.

Musi-

Register.

Muſikaliſche Schriftſteller, viele gu-
te. E. II. 5.

N.

Nachſchläge. eine Auszierung. IX. 30.
Noten. Warum ſie erfunden worden.
I. I. 2. wie ſie erfunden worden. I.
I. 7. wie ſie ist ausſehen; und zu was
ſie dienen. I. I. 11. wie man ſie zur
Violin-Brauchet. I. I. 13. 14. ihre
Dauer oder Geltung; und wie man ſie
in den Tact eintheilen ſolle. I. III. 1.
3. 4. 5. u. ſ. f. ſamt der Tabelle, wie auch
IV. 37. wie die Noten heiſſen vor denen
ein (✕); und die, vor denen ein (b) ſtehet. I. III. 13. wen eine Note muß ausgehalten werden, und wie? I. III. 19.
was die Vorſchlagnoten ſind. ſiehe
Vorſchlagnoten. Beyſpiele von
lauffenden und ſonſt vermiſchten Noten IV. 38. viele an einem Bogenſtriche geſchleifte. VII. I. 11. 12. 13. viele an einem Bogenſtriche abgeſtoſſene.
VII. I. 15. 16. 17. wie man die ge-
ſchleiften ſchmackhaft vortragen ſolle.
VII. I. 20. die punctierten, wie ſie zu
ſpielen ſind. VII. II. 2. 3. 4. u. XII. 15
21. herrſchende, anſchlagende oder gute Noten, welche ſolche ſind. XII. 9. 10.
unterſchiedlich zuſammengezogene wie
ſie vorzutragen ſind. XII. 10. 12. 16.
21. nach einer kleinen Soſpier, wie
man ſie abgeigen ſolle. XII. 21.
Notenleſen, das gute iſt ſchwerer als
Concerte ſtudiren. XII. 3. wenig Soloſpieler leſen gut. XII. 4. einige Regeln. XII 7. 8. 9. u. ſ. f. bis 22.

Mozarts Violinſchule.

O.

Octav. III. 5.
Olympus. E. II. 5.
Orcheſtergeiger, ein guter iſt höher zu
ſchätze als ein purer Soloſpieler. XII. 4.
Orpheus. E. II 5.

P.

Pauſen. was ſie ſind, und was ſie gelten. I. III. 2. 3. 5. 6.
Paſſage, eine durch den Bogenſtrich
34. mal veränderte VII. I. 19. beſondere Paſſagen. XII. 12. 13. 14.
Piano ſ. **Schwäche.**
Plinius. E. II. 5.
Ptolomäus. E. II. 5.
Puncte. was er bedeutet. I. III. 8. 9. 10.
neue Lehre von zweenen Punctē. I. III.
11. wenn er über oder unter der Note
ſtehet, was er anzeiget. I. III. 17.
Punctierte Noten. ſ. **Noten.**

Q.

Quart. iſt dreyerley. III. 5.
Quint. iſt dreyfach. III. 5.

R.

Regeln des Hinaufſtriches und Herab-
ſtriches. IV. 1. 2. 3. u. ſ. f. Zur Be-
förderung eines guten Toues auf der
Violin. V. 4. 5. u. ſ. w. zum guten
Notenleſen. XII. 7. 8. 9. u. ſ. f. bis 22.
Ribatutta. ſ. **Zurückſchlag.**
Rückfall oder Abfall eine Auszierung.
IX. 25. wenn er gut oder ſchlecht iſt.
IX. 26.

S.

Sapho die Dichterin ſoll den Geigebogen erdacht haben. E. II. 8.

Sat-

Regiſter.

Sattel auf der Violine, was es iſt. E.
I. 3. kann den Klang der Violin beſ-
ſern. E. I. 7.
Schleifen, wie es angezeigt wird. I.
III. 16. wie man ſchleiffen ſolle. VII.
I. 20. VII. II. 2. 3. 4. 5. 6. 7. die
Schleifer muß man genau beobach-
ten, und auch oft ſelbſt geſchickt anzu-
bringen wiſſen. XII. 3. 10. 11. 15.
Schleifer. eine muſikaliſche Auszie-
rung. IX. 11.
Schlüſſel, der ſogenannte muſikaliſche.
I. I. 9. wie man ihn bey den Blasin-
ſtrumenten verſetzen könnte, und war-
um er bey der Violin kann anders ge-
ſetzet werden. I. I. 10.
Schriftſteller, gute muſikaliſche. E.
II. 5.
Schuß, ein muſikaliſcher. XI. 20.
Schwäche, mit dem Geigebogen, wo
ſie anzubringen. V. 3. 4. 5. u. ſ. ſ. ſoll
nicht gar zu ſtille ſeyn. V. 13. beym
Schleifen. VII. I. 20. muß gut angebracht werden. XII. 3. 8.
Sechſt. iſt dreyfach. III. 5.
Secund iſt dreyerley. III. 5.
Septime iſt dreyfach. III. 5.
Seyteninſtrumente. ſ. Inſtrumente.
Seyten. mit Darmſeyten waren auch
ſchon die Inſtrumente der Alten bezo-
gen. E. II. 7. wie die 4. leeren Sey-
ten auf der Violin heiſſen. I. I. 13. wie
durch die Bewegung der Seyten der
Klang entſtehet. V. 10. die dickern
und tieffern darf man allemal ſtärker
angreiffen als die ſchwachen. V. 11.

die leern muß man oft vermeide. V. 13.
Singbar ſoll man ſpielen. V. 14.
Soloſpielen muß man erſt, wenn man
gut accompagniren kann. XII. 5.
Sospiren, was man ſo heißt und was
ſie gelten. I. III. 3. 5. 6.
Spielen, ſoll man allemal ernſtlich und
ſtark. II. 11. und V. 2. ſpielen ſoll man,
wie man ſingt. V. 14. einige Regeln
der guten Spielart. XII. 7. 8. 9. u. ſ. ſ.
bis 21.
Stärke. wo ſie mit dem Geigebogen kann
angebracht werden. V. 3. 4. 5. u. ſ. ſ.
ſoll nicht übertrieben werden. V. 13.
wo mans beym Schleifen anbringet.
VII. I. 20. muß geſchickt gebraucht
werden. XII. 3. 8. Regeln von der
Mäßigung der Stärke. XII. 17.
Stimmen. Unterſcheid des hohen und
tiefen beym Spielen. V. 11.
Stimmung, eine reine iſt höchſt nöthig.
XII. 6.
Stimmſtock. was es iſt. E. I. 3. er
kann den Klang der Violin verbeſſern.
E. I. 7.
Stoſſen. ſ. Abſtoſſen.
Strich. ſ. Bogenſtrich.
Striche, kleine, ober oder unter den
Noten, was ſie bedeuten. I. III. 17.
am Ende iedes Tactes. I. III. 5. wer-
den zur Abtheilung eines Stückes ge-
braucht. I. III. 22.

T.

Tact. deſſen Beſchreibung und ſeine
Wirkung, I. II. 1. 2. der Alten ihre
Täcte, und die Erklärung des heuti-
gen

gen Zeitmaaßes. I. *II.* 3. 4. auf den
Haupttact beziehen sich die andern. I.
II. 5. der Allabreve. I. *II.* 6. die Erklärung der Art der Bewegung : wie
man sie erkennet, und wie sie dem
Schüler soll beygebracht werden. I. *II.*
7. 8. Fehler der Lehrmeister. I. *II.* 9.
sie sollen auf das Temperament des
Schülers sehen. I. *II.* 10. und ihm
nichts hártes vor der Zeit geben. I. *II.*
11. Man muß die Gleichheit des Tactes
niemals anßer acht laßen. I. *II.* 12. bey
gleichen fortlaufenden Noten geráth
man leicht ins Eilen. IV. 38. die
Gleichheit des Tactes wird beständig
eingeschárfet. VII. *I.* 8. 11. 16. 17. und
VII. *II.* 2. 3. 5. der Tact muß beym
Accompagnieren nicht geändert werden. XII. 20.

Temperatur, was sie ist. I. *III.* 25.
Tempo, gebrochenes. XII. 16.
Termini technici. I. *III.* 27.
Terz, ist zweyerley. *III.* 5.
Tevo. ein mußkalischer Schriftsteller.
E. *II.* 8.
Tirata. was es ist. XI. 20. 21.
Ton. den guten aus der Violin heraus
zu bringen. V 1. 2. u. s. w. die Reinig-
keit des Tones zu erhalten. V. 10. man
muß die Stimmung beobachten. V. 11.
bey der Stárke und Schwáche in glei-
chem Tone spielen. V. 12. Gleichheit
des Tones im Singen und Spielen.
V. 13. 14.
Tonart. Erklárung, und Mannigfaltig-
keit. III. 2. 3. 4.
Tremolo. deßen Ursprung, und wie er
gemacht wird. XI. 1. 2. 3. ist dreyfach.

XI. 4. ferner, Erklárung deßelben. XI.
5. auf 2. Seyten. XI. 6. wird meistens
bey Cadenzen gebraucht. XI. 7.
Triller. wie er angezeiget wird. I. *III.*
21. wird beschrieben. X 1. 2. muß mit
der größern oder kleinern Secunde, und
nicht aus der Terze gemacht werden. X.
3. diese Regel scheint eine Ausnahme
zu haben : die aber nicht Stich hält. X.
4. wie man den Triler anfängt, und
schließt. X. 5. 6. Er ist dreyfach. X. 7.
Der Geißtriller. X. 8. man muß sich
an einen langen gewöhnen. X. 9. und
alle Finger zum Trillerschlag üben. X.
10. wie man die Vorschläge und Nachschläge zum Triller braucht. X. 11. 12.
13. 14. wo man einen Triller machen
solle. X. 15. 16. 17. 18. 19. 20. der aufsteigende und absteigende Triller. X 21.
22. 23. durch die Semitonie. X. 24. bey
springenden Noten. X. 25. mit dem
Abfall auf eine leere Seye. X. 26. der
Doppeltriller. X 27. 28. Exempel davon durch alle Töne. X. 29. der auf-
und absteigende Doppeltriller. X 30.
der Sechsttriller. X. 31. Dr begleitete
Triller. X. 32. der Halbtriler. IX. 29.
Triolen. was sie sind. VI. 1. sollen gleich
vorgetragen werden. VI. 2. sie können
durch den Bogenstrich oft verändert
werden. VI. 3. 4. 5. u. s. f.
Trompete Marine. E. I.

U. W.

Ueberwurf. eine Auszierung. IX. 22.
wenn er zu vermeiden. IX. 24.
Ut, re, mi, fa, &c. deßen Ursprung. I. *I.* 5.
Verbindungszeichen. I. *III.* 16. oft

 stehen

Register.

stehen Puncte darunter oder kleine Striche. I. *III.* 17. auf eine andere Art angebracht. I. *III.* 18.

Viola d'Amor. E. *I.* 2.

Violet, das englische. E. *I.* 2.

Violin. Unterscheid zwischen dem Worte Geige und Violin. E. *I* 1. Beschreibung der Violin. E. *I.* 3. wie man sie rein beziehen solle. E. *I* 4. die Violinen sind oft schlecht gearbeitet. E. *I.* 5. wie man sie halten muß. II. 1. 2. 3. u. f. w. Man soll keine Buchstaben darauf pichen. *II.* 2. Man soll anfangs die Violin etwas stärker beziehen: und wie man den guten Ton darauf suchen solle. V. 1. f. 3. u. f. f.

Violinist. wie er seine Violin verbessern kann. E. *I.* 7. wie er die Geige halten und den Bogen führen solle. II. 1. 2. 3. u. f. w. was er zu beobachten hat, bevor er zu spielen anfängt. III. 1. er soll vernünftig spielen. VII. *I.* 1. soll die Vorschrift des Componisten wohl beobachten. X. 21. nach dem ersten Violinisten müssen sich die andern einstimmen. XII. 6. soll den Charakter eines Stückes beobachten, bevor er zu spielen anfängt. III. 7. muß die Auszierungen am rechten Orte, und nicht zu häufig anbringen. IX. 21.

Violinschlüssel. s. Schlüssel.

Violino Picolo. E. *I.* 2.

Violon. E. *I.* 2.

Violoncell. E. *I.* 2.

Vorschlagnoten, was sie sind. I. *III.* 23. und IX. 1. wie vielerley deren sind, und wie man sie vortragen muß. IX. 2. 3. 4. die längern IX. 4. 5. 6. 7. 8. die kur-

zen Vorschläge. IX 9. die absteigenden Vorschläge sind besser als die aufsteigenden. IX. 10. man kann sie von der Terze machen. IX. 11. und aus dem nächsten Tone mit zwoen Noten. IX. 12. wenn der aufsteigende Vorschlag am besten klinget. IX. 13. die aufsteigenden kommen auch aus entfernten Tönen. IX. 15. durchgehende Vorschläge. IX. 16. 17. 18. 19. man soll die Vorschläge am rechten Orte anbringen. IX. 21. wie man sie zum Triller braucht. X. 11. 12. 13. 14.

Vortrag, der gute Vortrag ist nicht leicht. XII. 2. 3. siehe ferner: Notenlesen und Bogenstrich.

W.

Wallis, ein musik. Schriftsteller. E. *II.* 5.

Weiche Tonart. s. Tonart.

Wiederholungszeichen. I. *III.* 22.

Wörter. musik. Kunstwörter. I. *III.* 27.

Z.

Zarge an der Violin, was man so heißt. E. *I.* 3.

Zeichen. Verbindungszeichen. I. *III.* 16. Wiederholungszeichen. I *III.* 22.

Zeitmaaß das musikalisch. s. Tact.

Zertheilung einer Note wie sie zu lernen ist. I. *III.* 7.

Zierraten. s. Auszierungen.

Zirkel. s. Cirkel.

Zurückschlag (Ribattuta) wo, und wie diese Auszierung gebraucht wird. XI 17.

Zusamenschlag (Batement) was dieß für eine Auszierung ist. Ihr Ursprung und Gebrauch. XI 15. 16.

Zwischenschläge. IX. 19. 20.

Tabelle.

Die hier angemerkten Paragraphen führen uns in das vierte Hauptstück zu den Regeln der Strichart.